생태사회와
세계시민의식

생태사회와
세계시민의식

건국대학교
생태기반사회연구소
지음

머리글

인간에게 불행과 교훈을 주기 위해서
페스트는 또다시 쥐들을 깨울 것이다.

–알베르트 까뮈 『페스트』 중에서

지난 3년간 COVID-19 사태로 인해 지구촌의 각국이 문을 닫고 전 세계 사람들은 마스크로 얼굴을 가리고 흩어졌다. 이 시기는 교육 현장의 모습과 일터의 풍경이 달라지고 연대 의식과 공동체 의식이 사라지는 시간이었다. 하지만 이런 사태로 인하여 사람들은 지구촌이 왜 이렇게 됐는지 무엇이 잘못됐고 어디서부터 잘못됐는지를 숙고하기 시작했다.

이제껏 인류는 산업화로 인해 엄청난 변화를 이루었다. 인구가 급격히 증가했고 GDP가 급상승했으며 성장 경쟁 속에서 인류는 풍요로워졌다. 그러나 동시에 이 풍요는 탄소 배출량을 빠른 속도로 상승시켰으며 기온을 급상승시켰다. 그 결과 이상기온 현상이 초래되었고 매년 기록적인 폭우와 폭설과 폭염이 유발되었다. 또 시베리아 영구 동토층의 순록 사체에 보존되어 있던 탄저균이 되살아나서 수백 마리의 순록이 몰살되었고, 히말라야에서 녹아내리는 빙하에서는 고대 미지의 바이러스들이 발견되었다. 이 바이러스들이 인류에 어떤 영향을 끼칠지, 우리는 아직 전혀 모른다. 요컨대 지구촌은 그동안 누렸던 풍요의 역습으로 인해 예측 불가의 위기에 처한 것이다. 이 위기는 우리의 삶에 직접적인 영향을 줄 것임이 틀림없다. 지난 3년 동안 우리가 직접 겪은 COVID-19 사태처럼 말이다.

그러나 다행히도 지난 3년 동안 세계의 전 시민이 같은 위기를 겪으면서 인류가 하나의 지구촌임이 재확인되었다. 다행이라고 말한 이유는 이 위기가 한 공간에 제한된 문제가 아니라 전 지구적인 문제이기에 우리 지구촌의 전 시민이 서로 연대한다면 해결될 수 있으리라는 희망이 생기기 때문이다. 이 희망을 실현하는 방안을 건국대학교 생태기반사회연구소 연구원들은 다각도로 구상하고 숙고했다. 이 책은 그 구상과 숙고의 결과이다.

글이 놓인 순서는 전체를 포괄하는 주제에서 구체적인 주제로 옮겨갔다. 독자의 편의를 위하여 실린 순서에 따라 요약해본다.

허순영은 현재 인류에 닥친 가장 큰 이슈 중의 하나인 기후변화에 대하여 고찰한다. 그는 기후변화로 일어난 지구촌 곳곳의 재해들을 낱낱이 추적하며 그 원인이 되는 온난화 현상과 온실효과에 대해서 상세히 설명한다. 이어서 기후변화가 인간의 삶에 어떤 직접적인 영향을 미치는지를 논하고 기후변화에 대처하기 위해서 노력하고 있는 유엔의 방안들을 구체적으로 제시한다. 동시에 그는 국제기구의 노력에 발맞추어 우리 개개인은 일상생활에서 어떤 태도를 지니고 무엇을 실천해야 하는지를 숙고해야 함을 강조한다.

이수현은 세계 산림 상태와 산림 보존을 위한 각국의 노력 및 산림에 대한 시민들의 태도에 대해서 논한다. 그는 먼저 2021년 영국에서 개최되었던 '글래스고 기후 합의'에 따른 각국의 기후 위기 대응 노력에 대해서 상술하고, 이런 노력에도 불구하고 여전히 일부 지역에서는 산림을 방화하여 대규모로 개간을 하고 있으며, 불법 벌채목 유통이 광범위하게 일어나고 있음을 지적한다. 동시에 그는 우리나라역시 산림 훼손이 점점 심해지고 있다고 안타까워한다. 하지만 산림은 모든 생물체의 삶의 기반이 될 뿐만 아니라 배출된 온실가스를 흡수함으로써, 기후 위기를 늦출 수 있는 주요한 자원이기에 이의 복원과 보존 및 확충을 위해 지구촌의 전 시민들이 연대 의식을 보여야한다고 그는 힘주어 말한다.

이승은은 지구촌의 지속가능성과 ESG 경영에 대해서 조명한다. 그는 ESG라는 용어가 탄생하게 된 배경과 개념에 대해서 세밀히 설명하고 ESG의 올바른 실행을 위해서 ESG와 사회적 책임과 지속가능 발전목표 및 기후관련금융공시 태스크포스의 개념 차이를 낱낱이 밝히며 그 연관성을 살핀다. 이어서 우리 기업들이 ESG 경영을 실행하는 데에 있어서 필요한 국제표준을 도출해내고 이의 실행과 유지 및 개선을 제안한다. 그럼으로써 그는 우리 기업들이 지구촌의 위기 상황을 현명하게 대처해 나갈 수 있기를 희망한다.

이병민은 세계화 속에서 국가보다 중요해졌던 지역화 현상이 COVID-19 사태로 인하여 더욱 뚜렷해졌다는 점에 초점을 맞춘다. 그는 이런 현상은 지역의 여러 요소를 문화콘텐츠로 창작해내어 지역을 살리는 로컬크리에이터들의 활동 덕분이며, 이들의 활발한 활동으로 인해 로컬콘텐츠가 앞으로 더 가치를 발할 것이라고 확신한다. 무한경쟁의 세계화 시대에는 지역의 정체성과 고유성을 찾으려는 노력이 더욱 커질 것이고 이 지역문화콘텐츠가 결국 지역경제를 살릴 것이기 때문이다. 요컨대 이병민은 세계화 시대에는 오히려 지역적인 것이 세계적인 것이 되고, 지역민이 세계 시민이 될 수 있음을 입증해 나간다. 사실 지역화 현상은 '지구적으로 생각하고 지역적으로 행동하자'는 생태적 구호를 실행하는 길이며 '작은 것이 아름답다'는 에른스트 프리드리히 슈마허의 외침을 실행하는 방안이라고 할 수 있다.

송희영은 기후변화와 지구촌 남쪽의 가난과 차별에 저항하는 전 지구적인 시민운동 '공정무역 운동'에 대해서 조명한다. 그는 사람들이 무심코 사용하는 물품들이 지구촌의 생태계와 개발도상국의 사람들과 어떤 연계성을 지니는지를 밝히고 세계에서 공정무역 운동을 가장 활발하게 펼치고 있는 나라 중의 한 나라인 오스트리아의 공정무역 운동을 세밀히 살핀다. 이때 그는 특히 오스트리아의 정부와 시민단체들의 협업과 공정무역 운동 활성화 전략을 상술함으로써 우리나라의 시민들이 세계 시민으로서 연대 의식을 갖고 공정무역 운동에 동참하기를 소망한다.

사지원은 1992년 리우회의에서 발표된 '지속 가능한 발전'이라는 개념을 설명하고 이 개념을 토대로 '지속 가능한 교육'의 한 방안으로 실시되고 있는 독일의 공정무역 교육에 대해서 고찰한다. 그는 무엇보다 독일학교들의 공정무역 교육 방법을 파악하는 데 중점을 두고 중등 정치 및 사회과 교육과정 교재의 한 단원을 직접 분석한다. 이 분석을 통해 독일 중등학교들의 공정무역 교육이 경제, 정치, 역사, 지리, 윤리 등 여러 교과목을 연계하여 다양한 관점에서 접근하고 종합적으로 사고할 수 있도록 교육하고 있음을 보여준다. 그럼으로써 중등학교에서 공정무역 교육이 거의 이루어지지 않고 있는 우리나라의 교육에 시사하는 바를 제시한다.

유미연은 환경운동이 시작된 지, 60여 년이 흐른 지금도 여전히 심각한 자연재해와 인재가 세계 곳곳에서 일어나고 있음을 지적하고, 이를 더 이상 지켜보고만 있을 수 없었던 사람들, 특히 젊은 세대가 거리로 나서기 시작했다고 강조한다. 그는 본인이 직접 참석했던 '2019 기후행동 정상회의'와 'MAB 청년 포럼'에 대해서 보고하며 이곳저곳에서 청년들이 스스로 미래를 위한 자리를 만들어가고 있다고 판단하고, 이런 활동들이 곧 세계 시민으로서의 연대 의식을 실천하는 행동이라고 평가한다. 이 행동들은 지금-이곳만이 아니라, 보이지 않는 곳에 있는 또래의 또 후배들의 자리를 만들어주는 행동이기 때문이다.

이 책은 우리 생태기반사회연구소의 두 번째 저술이다. 첫 저술은 『생태사회를 위한 통합적인 접근』이라는 제목으로 생태사회란 어떤 사회이고 생태사회로의 전환을 위해서 우리나라에서 어떤 방안들이 시도되고 있으며 앞으로 어떤 노력을 해야 하는지 등 인문학자와 사회과학자와 자연과학자의 사유를 총체적으로 담고 있다. 이후의 연구 성과를 두 번째 저술로 출간하는 이유는 우리 연구소의 설립 취지인 '모든 생명체의 연계성과 순환성과 지속성'이라는 생태적 가치를 더 널리 많은 사람에게 보급하기 위해서다. 좀 더 구체적으로 표현하면 시민 개개인이 선택한 행동이 자신의 지역과 나라 및 세계의 정치와 경제를 바꿀 수 있고 지구에 끼치는 영향력을 달리 할 수 있다는 사유를 보급하기 위해서다. 우리 연구소는 앞으로도 생태사회로의 전환을 위해서 부족한 것을 보완해가며 논의를 계속해나갈 것이다.

이 책을 출간하기까지는 여러분의 도움이 있었다. 먼저 후세대를 염려하며 생태사회로 가는 방안들을 연구하고 실천하고 계신 송희영 건국대학교 전 총장님과 여러 직책으로 바쁜 와중에도 연구소의 사무와 연구를 흔쾌히 도와주신 이병민 교수님께 깊은 감사를 드린다. 또 언제나 먼 곳에서 한결같이 응원과 지지를 보내며 적극적으로 동참해주신 창원대학교의 허순영 교수님과 대전보건대학교의 이승은 교수님, 전국의 산림 상태를 파악하고 손실된 산림의 복원과 보존 및 확산 운동에 열정을 다하며 관련 내용들을 집필해주신 이수현 ≪생명의 숲≫ 부소장님과 연천군에서 생태전문가로 현장 활동을 하고 계신 유미연 선생님께도 특별한 감사를 보낸다.
어려운 여건 임에도 출판을 기꺼이 맡아주신 한국학술정보(주)의 채종준 대표이사님과 교정과 편집을 본 편집부 직원들에도 연구소를 대표하여 감사를 드린다.

집필 대표/생태기반사회연구소 소장 사지원

목차

제1장

기후와 통계정보

허순영(창원대학교 통계학과 교수)

1. 기후 위기에 직면한 21세기 인류

1999년 12월 31일, 전 세계의 인류는 20세기를 마감하고 새롭게 시작하는 21세기를 흥분과 설렘으로 맞이하였다. 2000년대에 들어서 컴퓨터와 인터넷 기술은 급속한 발전을 거듭하였고 사람들은 집과 사무실에서 전 세계 모든 곳의 사람들과 인터넷을 통해 화상 실시간 대화와 회의 등이 가능해졌다. 인공지능 자율주행차량이 현실화되고 있고, 냉장고와 세탁기 등 인공지능(AI)이 탑재된 지능형 가전제품이 출시되어 판매되고 있으며, 내 손안의 컴퓨터인 스마트폰은 전 세계 모든 국민과 모든 세대의 필수품이 되어 가고 있다.

그러나 21세기 초를 살고 있는 인류는 암울한 현실에 직면해 있다.

2019년 12월 중국 후베이성 우한에서 최초로 발병한 코로나바이러스감염증-19(COVID-19)는 발병한 지 약 4개월 만에 전 세계로 확산되었고, 결국 2020년 3월 11일 세계보건기구(WHO)는 팬데믹(세계적 대유행)을 선포하기에 이르렀다. WHO의 공식 집계에 의

하면 2021년 8월 말 기준으로 전 세계 인구 중 2억 1천만 명 이상이 COVID-19에 감염되었고, 4천4백만 명 이상이 이 감염증으로 인해 사망하였다. 2021년 8월 현재 COVID-19는 알파, 베타, 감마, 델타 등 변이를 계속하면서 전 세계의 사회와 경제를 마비시키면서 여전히 진행 중이다.

한편 2000년대에 들어 전 세계의 지구온난화는 점점 더 심각해지고 있고 인류는 그로 인한 기후변화에 따른 각종 재난에 직면하고 있다. 2021년 여름, 우리나라는 예년보다 늦은 여름 장마를 맞이했지만 곳곳에서 시간당 50mm 이상 내린 폭우로 인해 곳곳의 도로가 유실되고 축대가 무너졌으며, 비교적 짧은 여름 장마 기간 후에 이어진 폭염과 또 이어진 긴 가을장마와 폭우에 시달렸다. 폭염에 의한 지표면의 온도 상승은 해수온도 상승을 초래하였고, 해수온도 상승은 한반도 인근 바다 생태계를 변화시켜 우리는 최근 몇 년 동안 고수온에 취약한 양식 어류의 떼죽음을 목도하고 있다. 또한 단기간의 집중 폭우는 남해안 인근 바닷물을 일시에 담수화시켰고 양식 전복이 집단 폐사하는 일도 발생하였다.

세계의 상황은 더욱 심각하다. 2000년대 들어 세계 각지에서는 기후변화로 인한 폭우·홍수·가뭄·이상한파·이상고온·산불 등 피해가 속출하고 있으며, 그 정도와 빈도는 점점 가속화되고 있다.

2021년 여름 독일·벨기에·네덜란드·영국 등 유럽 각지와 미국·중국·인도·인도네시아 등 아메리카와 아시아를 포함한 세계 곳곳에서 폭우로 인한 대홍수로 수천 명의 사망자·사상자와 실종자가 발생하는 인명 피해가 속출하였다. 도로가 유실되고 산사태가 발생하였으며, 철도운행이 중단되고 자동차들이 수중에서 떼로 떠

밀려갔으며 수많은 집들이 파괴되고 물에 잠기는 등 홍수로 인한 재산상 피해는 그 정도를 가늠하기가 어렵다.

지구온난화에 의한 기후변화는 또한 전 세계 많은 지역에서 폭염·가뭄을 초래하였고, 건조한 기후는 세계 곳곳에서 엄청난 규모의 화재 발생으로 이어지고 있다. 2021년 상반기 미국·캐나다·그리스·튀르키예·이탈리아·알제리·러시아 등에서 동시다발적으로 발생한 대규모 산불은 엄청난 규모의 산림을 소실시켰을 뿐만 아니라 많은 사람들의 목숨과 주민들의 생활터전을 빼앗고 황폐화시켰으며, 막대한 양의 탄소를 배출시켜 지구온난화를 더욱 가속화시키는 악순환을 초래하고 있다. 산불, 대초원 화재, 화산 폭발은 지구온난화를 초래하는 온실가스와 블랙카본의 주요 자연발생 요인이다.

기후변화는 육지와 바다 생태계의 변화도 초래하고 있다. 대기 중 증가한 이산화탄소는 바닷물의 산성화를 초래하여 바다 생물의 생존을 위협하고 있다. 또한 폭염으로 인한 해수온도의 상승은 바다 생태계의 분포를 바꾸고 있고, 더위에 취약한 바다 생물들의 집단 폐사가 발생하기도 한다. 2021년 7월 미국 캘리포니아 해안 지역에서는 폭염으로 인해 해안가 조개가 집단 폐사하기도 했다.

기후전문가들은 앞으로 이러한 대홍수와 대규모 산불 등 기후변화에 의한 재앙이 더욱 빈번하고 강력하게 발생할 것임을 경고하고 있다.

2. 온실효과와 지구온난화

2.1. 온실효과

온실효과(Greenhouse effect)는 대기 중의 수증기와 이산화탄소 등이 온실 천장의 유리처럼 작용하여 지표면을 데워서 생명체가 서식할 수 있도록 일정 온도를 유지하게 하는 자연현상이다. 태양 복사열이 지구 대기층에 도달하면 그중의 일부는 우주로 반사되어 나가고 나머지는 육지와 바다에 흡수되어 하층 대기와 지구 표면을 따뜻하게 데운다. 이러한 과정은 연평균 지구 온도를 약 15℃ 정도로 유지시켜서 지구상에 생명체가 생존하도록 하는 역할을 한다(채연석, 호주 AWED: 9, 11). 이것은 마치 식물원에서 식물들이 생육할 수 있도록 온실 내부의 온도를 일정 수준 유지해 주는 것과 같다. [그림 1]은 호주 농수환경부(호주 AWED) 웹페이지에 게시된 온실효과와 지구온난화 과정을 단계별로 설명한 그림이다.

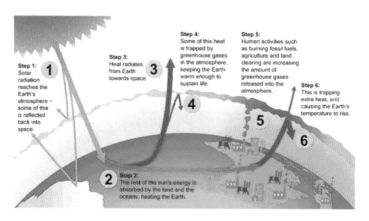

[그림 1] 온실효과

출처: 호주 농수환경부(호주 AWED)

단계 1. 태양열이 지구 대기층에 도달하면 그중 일부는 반사되어 우주로 나간다.

단계 2. 우주로 반사되지 않은 나머지 태양열은 지구의 땅과 바다에 흡수되어 지구를 데운다.

단계 3. 땅과 바다에 흡수된 열의 대부분은 다시 지구에서 우주를 향하여 방출된다.

단계 4. 우주를 향하여 방출된 열 중 일부는 대기 중에 있는 온실가스에 의해 우주로 빠져나가지 못하고 갇히게 되고, 지구는 생명체가 살 수 있을 만큼의 따뜻한 온도를 유지할 수 있게 된다.

단계 5. 화석연료의 사용, 농업, 토지 개간 등 인간의 활동은 대기 중으로 배출되는 온실가스의 양을 증가시킨다.

단계 6. 이것은 지구가 필요로 하는 열보다 더 많은 열을 지구 대기 안에 가두게 되고 그 결과 지구의 온도는 상승하게 된다.

2.2. 지구온난화

지구온난화(global warming)란 장기간에 걸쳐 지구 하층 대기의 평균온도가 서서히 증가하는 현상을 일컫는다. 현재 지구온난화의 원인을 기후과학자들은 상층 대기에 증가된 온실가스(GHG)에서 기인한 것으로 지적한다. 현재 전 세계가 공통으로 직면한 심각한 문제는 화석연료(특히 석탄, 석유, 천연가스)의 사용과 농업, 토지 개간 등과 같은 인간 활동이 상층 대기의 온실가스 농도를 증가시키고 있고, 그 결과 지구가 필요 이상으로 더워지고 있다는 데 있다.

[그림 2]는 온실가스 농도가 정상일 때(왼쪽)와 증가되었을 때(오른쪽)의 지구 온도 변화를 보여준다. 왼쪽 그림은 이산화탄소(CO_2), 메탄(CH_4), 아산화질소(N_2O) 등의 온실가스 농도가 정상 수준일 때의 온실효과를 나타내는 것으로, 태양열이 지구 대기 중에 적정량만 남아 있어서 생물체들이 정상적인 활동을 할 수 있게 하고 지구가 식는 것을 막아준다. 오른쪽 그림은 온실가스 농도가 증가되어 태양열이 충분히 방출되지 못하고 지구 대기 중에 과도한 양이 남아 지구의 평균온도를 상승시킬 때의 온실효과를 보여준다.

이처럼 태양으로부터 지구에 흡수된 태양열이 대기에 갇히게 되면 지구 하층 대기의 평균온도가 서서히 증가하는 지구온난화를 초래한다. 지구온난화는 지구 기후의 심각하고 장기적인 변화인 기후변화(climate change)로 이어진다. 기후변화는 전 세계에 이상기후와 생태계의 변화를 야기하고 종국에는 인류의 생명을 위협하는 결과를 초래하게 될 것이다.

[그림 2] 지구온난화

출처: 미국 기후 및 에너지 솔루션 센터(USC2ES)

2.3. 온실가스

열은 에너지이며 시스템에 에너지를 가하면 변화가 발생한다. 지구온난화는 인간 활동으로 증가한 온실가스에 의해 발생하며 그로 인해 초래된 기후변화 역시 인간 활동의 결과이다.

온실가스는 수증기(H_2O), 이산화탄소, 메탄, 아산화질소, 육불화황(SF_6), 오존, 염화불화탄소(CFCs), 삼불화질소(NF_3) 등으로 자연 발생적인 것도 있고 인공 화학물질도 있다. 특정 온실가스가 기후변화에 미치는 영향은 세 가지 요인에 의해 결정된다(USEPA: 18).

1. 대기 중 농도. 공기 중 특정 가스의 배출량이 많아질수록 그 가스의 대기 중 농도는 높아진다. 1ppm[1]은 약 50리터(소형 자동차의 연료탱크 크기)에 희석된 물 한 방울에 해당하는 농도이다.

2. 대기 중 머무르는 기간. 각 온실가스가 대기 중 머무르는 기간은 수년에서 수천 년까지 다양하지만 여러 다양한 온실가스들이 대기 중에서 서로 혼합되어 아주 오랜 기간 머무르게 된다.

3. 대기에 미치는 영향의 강도. 지구온난화에 영향을 미치는 정도를 나타내는 GWP(지구온난화지수)는 특정 온실가스가 평균적으로 대기 중에 얼마나 오랫동안 남아 있고 에너지를 얼마나 강하게 흡수하는지를 반영하여 계산된다. GWP가 높은 가스는 GWP가 낮은 가스보다 더 많은 에너지를 흡수하여 지구온난화에 더 큰 영향을 미치게 된다.

지구온난화에 영향을 미치는 온실가스들 중 가장 대표적이고 일

---

1) ppm: parts per million, 100만 분의 일.
   ppb: parts per billion, 10억 분의 1, 1/1000ppm.
   ppt: parts per trillion, 1조 분의 1, 1/1000ppb.

반적인 온실가스는 이산화탄소(CO_2)이다. 따라서 이산화탄소는 다른 온실가스가 지구온난화에 미치는 정도를 측정하는 지표로 사용된다. 미국 환경보호국(USEPA)은 100년 동안(over 100 years) 이산화탄소가 지구온난화에 미치는 영향(GWP)을 1로 설정하고 다른 온실가스의 지구온난화 가능성을 평가하는 기준으로 이산화탄소를 사용하고 있다. 예를 들어, 메탄의 GWP는 28~36인데 이는 100년 동안 상층 대기에서 메탄 1톤이 지구온난화에 미치는 영향의 정도는 이산화탄소의 28~36톤과 동등한 것으로 추정하는 것이다.

유엔 기후변화협약(UNFCCC)은 지구온난화와 기후변화를 야기하는 대표적인 온실가스로 이산화탄소, 메탄, 아산화질소, 수소불화탄소(HFCs), 과불화탄소(PFCs), 육불화황의 여섯 가지로 정의하고 있다. 경제협력개발기구(OECD)에서는 유엔 기후변화협약에서 정의하는 여섯 가지 온실가스에 염화불화탄소와 삼불화질소(NF_3)를 추가하여 이들의 총량을 온실가스양으로 발표하고 있다(OECD, UNFCCC: 15-16).

1. 이산화탄소(CO_2, carbon dioxide). CO_2는 무언가를 태울 때 주로 발생하는데 인간의 화석연료(석탄, 천연가스, 석유) 사용 증가로 전 지구상의 대기 중 CO_2 평균농도는 꾸준히 증가하고 있으며, 총 온실가스(GHG)의 약 4분의 3을 차지한다. CO_2는 인간의 화석에너지 사용 외에도 고형 폐기물[2], 나무 및 기타 생물학적 물질의 연소, 시멘트 제조 등과 같은 인간의 활동은 물론이고 동·식물의

---

2) 액상이나 가스상태가 아닌 불용성 물질의 폐기물을 말하며 폐목재, 폐플라스틱, 폐건축자재 등의 각종 도시폐기물, 하수오물, 농업쓰레기, 파쇄물 및 광산 잔재물과 같은 산업폐기물을 포함한다(출처: Naver 지식백과).

호흡과정, 유기물의 부패, 화산활동 등과 같은 자연 활동으로도 대기 중에 배출된다. CO_2가 대기 중에 머무르는 시간은 약 100~300년이며, 관측단위는 ppm이다.

CO_2는 식물의 광합성 작용과 해양 흡수로 인해 배출된 양의 약 60%가 자연적으로 ˙제거되고 나머지 40%가 대기 중에 남는다. 수목은 태양열을 이용한 광합성작용을 통해 탄소를 목재 형태로 고정시키게 되는데, 소나무 50년생 한 그루가 1년간 고정하는 탄소는 약 3.8kg 정도이다(이원한: 8).

2. 메탄(CH_4, methane). 메탄은 이산화탄소에 이어 두 번째로 중요한 온실가스로 가축의 사육, 전통적 쌀농사, 습지·바다·대지의 사용, 화석연료, 도시 고형 폐기물 매립지의 유기물[3] 부패 등 다양한 인위적·자연적 요소에 의해 생성된다. 자연에서 메탄은 주로 미생물의 분해와 발효 과정에서 생성된다. 유기물이 하수구 등에서 부패할 때 메탄가스가 발생되고 쓰레기 매립장과 같은 곳에서 메탄가스가 발생한다. 또한 소와 같은 반추동물의 방귀·트림 등을 통해 발생하는 메탄 배출량은 상대적으로 많은 것으로 알려져 있는데, 소의 트림에서 나오는 메탄은 대기로 방출되는 전체 메탄의 약 16%를 차지하는 것으로 알려져 있다(나무위키: 3). 메탄의 대기 중 체류 시간은 다른 온실가스에 비해 비교적 짧은 약 12년 정도이기 때문에 배출량을 줄이면 온실가스 감소에 가장 빠르게 효과를 볼 수 있다. 메탄의 GWP는 28~36(USEPA: 18)이고, 중요한 GHG

---

3) 탄소(C)를 포함하고 있는 물질로, 가열하면 연기를 발생시키면서 검게 탄다. 탄수화물, 단백질, 지방, 비타민 등이 예이다(출처. Naver 지식백과).

중 하나인 오존의 전 단계로 오존 전구체이다. 메탄의 관측단위는 ppb이다.

3. 아산화질소(N₂O, nitrous oxide). 아산화질소는 일산화질소 (NO)와 함께 NOx로 표기되기도 하는데 발생 원인은 화석연료의 연소, 생태 소각, 농업비료의 생산과 사용, 산업활동 및 고형 폐기물의 연소, 폐수처리 과정 등에 의해서 발생한다. 아산화질소는 성층권으로 올라가 성층권 오존을 파괴하면서 소멸된다. 아산화질소는 대기 중 소량이 존재하지만(관측단위: ppb) 체류 기간은 약 121년으로 비교적 오랜 시간 존재하고 GWP는 265~298이다.

4. 육불화황(SF₆, sulphur hexafluoride). 육불화황은 전기를 통하지 않는 특성이 있어서 반도체 생산 공정과 변압기 등의 절연체로 다량 사용되는 강력한 합성 온실가스이다. 육불화황은 한번 배출되면 약 3,200년 동안 영향을 미친다. 대부분 성층권이나 그 상층에서 주로 짧은 파장의 자외선에 의해 파괴된다. 육불화황의 관측단위는 ppt이고 GWP는 22,800이다.

5. 염화불화탄소(CFCs, chlorofluorocarbons). 염화불화탄소는 흔히 프레온 가스로 알려져 있고 오존층 파괴의 주범으로 알려져 있다. 염화불화탄소는 발포제, 냉장고 냉매, 충전제로 주로 사용된다. 염화불화탄소는 여러 형태가 있는데, 형태에 따라서 대기 중 체류 기간은 약 45~100년이고 GWP는 4,660~10,200이다. 염화불화탄소의 대기 중 관측단위는 ppt이다.

6. 수소불화탄소(HFCs, hydrofluorocarbons). 오존층을 파괴하는 것으로 알려진 염화불화탄소를 대체하여 만들어진 인공 화학물질로 냉장고나 에어컨의 냉매 등 가정과 산업용 냉매 제품에 사용된다. 수소불화탄소는 대기권 내에서의 체류 기간이 짧고 오존 손실을 막을 수 있어 염화불화탄소의 최선의 대체물로 여겨졌으나 이산화탄소보다 더욱 강력한 온실가스 효과를 일으키는 것으로 확인되어 감축 대상이 되었다(Naver 지식백과: 4). 수소불화탄소는 염화불화탄소와 마찬가지로 여러 형태가 있는데 형태에 따라서 대기 중 체류 기간은 약 5~270년이고 GWP는 675~14,800이다. 수소불화탄소의 대기 중 관측단위는 ppt이다.

7. 과불화탄소(PFCs, perfluorocarbons). 수소불화탄소와 마찬가지로 염화불화탄소를 대체하기 위해 만들어진 인공 화학물질로 냉장고 및 에어컨의 냉매, 전자제품, 도금산업, 반도체의 세척용, 소화기 등에 사용된다. 대표적인 과불화탄소는 사불화탄소(CF_4)와 육불화에탄(C_2F_6) 두 가지인데 주로 반도체 제작 공정과 알루미늄 제련과정에서 발생한다. 사불화탄소의 대기 중 수명은 5만 년, 육불화에탄은 1만 년이나 되고 사불화탄소의 GWP는 7,390이고 육불화에탄은 12,200이다(SBS 뉴스: 10). 과불화탄소의 대기 중 관측단위는 ppt이다.

8. 삼불화질소(NF_3, nitrogen trifluoride). 삼불화질소는 육불화황, 과불화탄소 등과 함께 다양한 산업공정에서 배출되는 강력한 합성 온실가스이다. 암모니아와 불소의 고온, 고압 반응을 통해 인위적

으로 추출되는 화학물질로 색깔과 냄새가 없는 비발화성 기체이나 강한 독성을 지니고 있다. 주로 반도체나 LCD 제조 공정에 사용된다(네이버 지식백과: 5). 삼불화질소의 대기 중 체류 기간은 약 500년이고 GWP는 16,100이다. 삼불화질소의 관측단위는 ppt이다.

[표 1] 지구온난화에 영향을 미치는 주요 온실가스

온실가스 종류	화학식		관측 단위	체류기간 (년)	온난화지수 (GWP)	주요 배출원
이산화탄소	CO_2		ppm	100~300	1	화석연료 사용
메탄	CH_4		ppb	12	28~36	농업, 축산, 폐기물
아산화질소	N_2O		ppb	121	265~298	농업, 비료, 생산공정
육불화황	SF_6		ppt	3,200	22,800	전기전자, 산업 절연체
염화불화탄소	CFCs	CFC-11	ppt	45	4,660	발포제, 냉매, 세정제
		CFC-12		100	10,200	
		CFC-113		85	5,820	
수소불화탄소	HFCs	HFC-23	ppt	270	14,800	반도체 제조, 냉매
		HFC-32		4.9	675	
		HFC-134a		14	1,430	
과불화탄소	PFCs	PFC-14	ppt	50,000	7,390	반도체 제조, 냉매, 발포제, 세정제
		PFC-116		10,000	12,200	
삼불화질소	NF_3		ppt	500	16,100	반도체, LCD 제조

출처: 기상청 기후변화감시 용어해설집(2017, 2020)

지금까지 살펴본 주요 온실가스들 외에 지구온난화에 중요하게 영향을 미치는 물질로 블랙카본이 있다.

9. 블랙카본(black carbon). 블랙카본은 화석연료, 바이오연료, 바

이오매스[4] 등의 불완전 연소에 의해 발생하는 탄소미립자(속칭, 그을음)이다. 이 입자는 매우 작아서 박테리아 크기 정도인 10μ m(10 마이크로미터, 백만 분의 10미터)에서 사람 머리카락의 30분의 1 굵기에 해당하는 2.5μ m 정도이며, 사람의 폐를 통과하여 혈류로 침투할 수 있을 만큼 작다. 블랙카본은 굴뚝이나 화재의 연기를 연상할 수 있는데, 통상 수일 내에 대기의 낮은 층으로부터 지구 표면에 떨어지지만 공기 중에 있는 동안은 CO_2보다 수백만 배 더 효과적으로 태양열을 흡수한다. 바람이 블랙카본을 운반하여 눈이나 만년설 위로 떨어지면, 블랙카본은 햇빛을 흡수하여 눈과 빙하를 녹이는 데 기여한다. 블랙카본은 국제적으로 지정된 온실가스에는 포함되지 않고 있지만 대체로 CO_2에 이어 지구온난화에 두 번째 큰 기여자로 간주된다(기상청; USEPA: 1-2, 18).

2.4. 기후변화의 영향[5]

석탄·석유와 같은 화석연료의 직접 사용이나 발전·산업·운송·건설 등에 의한 석탄·석유 관련 물질의 사용은 온실가스와 블랙카본 발생의 가장 중요한 원천이다. 한편, 소나 돼지 등의 가축 사육, 사료 생산, 화학비료 사용 등에 의한 화학 집약적 농산물 생산, 경작지 확장을 위한 산림의 벌채, 쌀 생산을 위한 논농사 등의 농업은 온실가스 생산의 두 번째로 중요한 원천이다. 농업에서의 과도한 비료 사용은 온실가스뿐만 아니라 미국, 유럽, 러시아 및 중

---

4) 화학적 에너지로 사용 가능한 식물, 동물, 미생물 등의 생물체, 즉 바이오에너지의 에너지원을 의미함(네이버 지식백과).

5) 이 절은 주로 기후변화입문서(CLIMATE CHANGE PRIMER: 20)의 내용을 기초로 원본 내용을 일부 편집하고 미국의 제3차 기후변화평가보고서 등을 참고로 보충·기술하였다.

국 등 많은 지역에서 발생하는 미세먼지에 의한 대기오염의 주요 원인이기도 하다(NASA: 13).

기후변화에 대한 과학자들의 주장을 뒷받침하는 강력한 증거는 대기 중 CO_2 농도, 지구 온도, 해수면의 높이(sea level), 빙하의 넓이(expanse of ice), 화석기록 및 생물 종(species)의 분포 등에 대한 장기간에 걸친 데이터이다.

기후변화의 영향

1. 해수면 상승. 전 세계 해수면은 과거 100년 동안 평균 약 20cm 상승했다. 기후과학자 등 전문가들은 기후변화의 영향으로 향후 100년 동안 해수면의 상승은 가속화될 것이라고 예상한다.

전문가들은 2050년까지 많은 해안 도시들은 생존을 위해 방파제를 건설해야 할 것으로 예상한다. 2100년까지 해수면은 약 30~100cm 상승할 것으로 예상되고 있으며, 바누아투(Vanuatu)와 같은 태평양의 작은 섬 국가 등 세계 여러 작은 섬나라들은 완전히 잠기게 될 것이고, 미국 남부 사우스캐롤라이나주의 힐턴 헤드와 같은 유명한 해변 휴양지, 방콕이나 미국 보스턴과 같은 해안 도시 등 저지대에 위치한 대도시, 상업 농지, 운송 및 발전 기반 시설 및 관광 투자 시설 등의 많은 주요 해양 자원들이 침수될 가능성이 크다고 예상한다(USGCRP, WARMHEARWORLDWIDE: 19-20).

북극지방에 위치한 그린란드의 만년설이나 남극의 빙붕이 무너진다면 해수면은 최대 7m 상승할 것으로 추정되며 미국의 경우 남부 플로리다주, 걸프 연안, 뉴올리언스 및 텍사스 휴스턴의 넓은 지역이 범람할 수 있을 것으로 과학자들은 추정하고 있다(NASA, USGCRP: 14, 19).

2. 해빙(Melting ice). 전문가들은 적어도 향후 100년 이내에 세계의 빙하가 사라질 것으로 예측하고 있다. 북극의 만년설과 거대한 남극의 빙붕은 사라지게 되고 북극의 그린란드는 초록으로 뒤덮여 있을 것으로 예측하고 있고 이러한 예측은 이미 현실화되고 있다(NASA, WARMHEARWORLDWIDE: 14, 20).

3. 집중호우와 보다 강력해진 폭풍우. 기후변화는 대기 중 수분의 양에 영향을 주어 비가 올 때 안정적으로 꾸준히 내리는 대신 일시에 격렬한 호우를 퍼붓게 한다. 세계 곳곳에서는 더욱 강력한 허리케인과 태풍을 맞게 될 것이고 홍수는 더욱 빈번해질 것이다. 특히 집중호우와 파괴적인 폭풍을 대응할 재정적 또는 인적 자본이나 자원이 없는 개발도상국가 또는 저개발국가는 농지(들판), 가정, 기업, 운송 및 전력 시스템 및 산업 등 국가 모든 영역에 걸쳐 전방위로 대규모 피해를 입게 될 것이다.

4. 폭염과 가뭄. 지구온난화는 지구 전체의 기상 시스템을 교란시켜 뜨겁고 건조한 기류뿐만 아니라 차가운 상층 기류도 이동시킨다. 그 결과 일부 지역의 잦은 폭우에도 불구하고 가뭄과 장기간의 폭염이 보편화될 것이며, 덥거나 온난한 지역들도 많은 눈과 한파를 경험할 것이다. 그렇다고 해서 추운 지역의 추위와 한겨울의 폭풍이 사라진다는 의미는 아니며, 덥고 건조했던 지역은 더욱더 뜨

거워지고 더 건조해질 것이며, 한때 온화하고 규칙적인 강우가 내리던 지역은 훨씬 더 뜨거워지고 훨씬 더 건조해질 것이다.

폭염과 가뭄은 개발도상국가나 저개발국가의 지금도 취약한 전력, 의료, 상하수도 시스템을 더욱 악화시킬 뿐만 아니라 국가의 자급자족 능력이나 농산물 수출 능력을 감소시킬 것이다. 폭염은 또한 어린이나 노년층에게 더 치명적인 위협이 될 것이다. 2016년에 태국 북부 지역은 에어컨, 냉각 센터, 공중 보건 또는 병원 등의 지원 없이 2개월간 연속 44도의 기온을 겪었다. 열대 지역에 위치한 개발도상국 또는 저개발국가의 전역에서 폭염이 주요 살인자가 될 것이라는 데는 의문의 여지가 없을 것이다.

5. 생태계의 변화. 지구가 지금보다 더 따뜻해지면 전체 생태계는 변화할 것이다. 적도의 기온이 상승하면서 쌀과 같은 주요 작물들은 과거 기온이 낮아서 재배할 수 없었던 북쪽 지역으로 이미 밀려났고, 많은 어종들은 그들에게 맞는 수온을 위해 먼 거리를 이동했다. 한때 수온이 너무 낮아서 고기가 없던 바다에서는 어획량이 증가할 것이고, 수온이 적당해서 어획량이 풍부했던 바다에서는 어업이 사라지고 어부들은 어장을 찾아 더 먼 바다로 나가야 할 것이다.

온대 지방에 살고 있는 농부들은 더 이상 옥수수와 밀과 같은 작물을 재배하기 어려운 건조한 환경을 맞닥뜨리고 있으며, 한때 주요 재배 지역이었던 곳들이 이제는 위협을 받고 있다.

일부 지역은 생태계가 완전히 변한 것을 목도할 수도 있다. 미국 캘리포니아와 동부 해안을 예를 들면 지구온난화와 기후변화가 이

지역의 숲들을 곧 근본적으로 변화시킬 것이다. 유럽에서는 수백 종의 식물이 사라지고 수백 종의 식물이 수천 마일을 이동할 것이다. 개발도상국가와 저개발국가에서의 생태계 변화는 어류와 주요 작물과 같은 중요한 식량 종의 손실과 질병 매개체(숙주)와 같은 악성 종의 증가를 거의 거부할 수 없게 될 것이다.

6. 식량 부족의 심화. 기온상승으로 인해 가장 위협을 받는 분야 중 하나가 농업이다. 전 세계의 모든 농업에서 기후변화의 영향을 느낄 수 있지만, 대체로 기후가 온난한 선진국이 느끼는 정도와 열대성 지역의 개발도상국가 또는 저개발국가가 느끼는 정도는 크게 다를 것이다.

대체로 작물들은 특정 온도에서 가장 잘 자라며 온도가 변하면 생산성이 크게 변화할 것이다. 예를 들어 북미 지역의 기온 상승은 미국 중서부 지역의 옥수수와 밀 생산성을 감소시키지만, 캐나다 국경 북쪽의 생산량과 생산성은 확대될 수 있다.

그러나 개발도상국가나 저개발국가는 기존의 이미 불안정한 식량 수급문제에 기후변화로 인한 기온상승이 더해져 안정적 식량 확보가 심각하게 위협받고 있다. 주요 주식 작물은 생산성이 감소하고 있지만 선진국과 달리 이들 국가는 그 자리를 대체할 새로운 열대작물이 없다. 인구 증가와 생산성 감소, 가뭄 및 폭풍 발생 증가로 인해 개발도상국가와 저개발국가들의 식량 부족 문제는 더욱 심화되고 있다. 전문가들은 2050년까지 개발도상국 인구는 약 30억 명이 증가할 것이며, 단순히 현재 수준으로 주식의 소비량을 유지한다고 해도 필요한 주식의 양은 현재의 두 배로 늘어날 것으로 추정하고 있다.

한편, 세계 인구의 3분의 1 이상의 주식인 쌀의 생산성은 기온이 1℃ 올라갈 때마다 10%씩 감소하는 것으로 알려져 있다. 과거에는 기후로 인한 문제를 벼 재배기술의 주요 발전과 그 어느 때보다 많은 비료 사용으로 상쇄시킬 수 있었지만, 세계 최대 쌀 수출국인 태국에서조차 향후 지금의 속도로 기온이 상승하면 2050년까지 생산량이 25% 감소할 것으로 전문가들은 예상하고 있다.

주요 과학 저널인 네이처(Nature)에 발표된 한 연구에 따르면 기후변화로 인해 과거 30년 동안 매년 15만 명이 사망하고 있으며, 세계보건기구는 2050년경에 그 숫자는 약 25만 명으로 증가할 것으로 예측하고 있다. 물론 이들 대부분은 더운 지역에 위치한 개발도상국가나 저개발국가 국민일 것이다.

7. 해충 및 질병. 지구의 기온상승은 농해충(農害蟲)이나 질병 및 질병 매개체들에게는 유리하다.

지구 온도의 상승은 해충의 번식률을 증가시켜 개체수를 증가시키고 곤충과 식물 병원체가 인간에 의한 방제 조치에 저항성을 갖기까지 필요로 하는 시간을 단축시킬 뿐 아니라 약물에 대한 내성이 생기는 속도도 빨라지게 한다.

기후변화는 한때 열대지역에서만 제한적으로 발견되었던 질병을 훨씬 더 넓은 지역의 풍토병이 되게 하고 있다. 예를 들어, 동남아시아에서 말라리아는 대부분의 지역에서 우기 때에만 발병하던 질병이었지만 지금은 동남아시아 거의 모든 지역에서 일 년 내내 발병하는 풍토병이 되었고, 한때 열대 지방에 국한되었던 뎅기열은

점차 더 넓은 지역으로 확산되고 있다.

페스트와 같은 질병들은 더위에 더욱 빠르게 발병하며 그 질병을 옮기는 매개체(숙주)도 마찬가지로 빠르게 증가한다. 더욱이 기후변화로 인해 모기, 뎅기열의 숙주, 뇌염·말라리아·웨스트 나일강·지카 바이러스 매개체와 같은 중요한 매개체들의 서식지가 모두 확대되고 있고 점점 더 많은 인구가 위험에 노출되고 있다.

8. 바다의 산성화. 대기 중의 CO_2 농도가 상승하면 바닷물은 CO_2를 흡수하여 바닷물의 산성화는 가속화된다. 지속적인 해양 산성화는 바다생물이 껍질을 만드는 것을 방해하여 해양 먹이사슬에서 폭넓은 기반을 형성하는 작은 조개류를 점점 더 위협하게 될 것이다. 작거나 크거나 딱딱한 껍질을 가진 생물들은 바다 먹이 피라미드의 기초이며 그들의 손실은 해양 식량의 감소로 이어질 것이다. 결과적으로 바닷물의 산성화는 전체 해양 인구와 지구상의 인구 3분의 1의 중요한 단백질 공급원을 위협하게 될 것이다.

3. 기후변화 관리를 위한 우리의 역할

2015년 12월 프랑스 파리에서 개최된 제21차 유엔 기후변화협약(UNFCCC) 당사국총회(COP21)에서는 향후 "지구의 평균온도 상승 한계를 2℃보다 훨씬 아래로 유지하고 1.5℃까지로 제한하도록 한다"는 국가 간 합의(파리기후변화협약)에 도달하였고, 참가국들은 자발적으로 각국의 온실가스 감축 목표량을 제시하였다(외교부: 7).

그러나 이미 지구온난화로 전 세계 평균온도는 산업화 이전

(1850~1900년) 대비 1℃ 이상 상승한 상태이고, 최근 세계기상기구(WMO)에서 발표한 연합과학 2021(United in Science 2021) 보고서에 따르면 최근 5년간(2017~2021년) 지구 평균온도는 7월 기준으로 산업화 이전 대비 1.06~1.26℃ 상승하였다. 이는 기록상 가장 높은 상승 온도이다. 한편 최근 발표된 기후변화에 대한 정부간협의체(IPCC) 제6차 보고서에 따르면 2030년대 초반 지구 평균온도는 산업화 이전 대비 평균 1.5℃ 상승할 가능성을 40~60%로 높게 추정하고 있다.

[그림 3]과 [그림 4]는 1901~2000년의 평균온도를 0.0℃로 할 때 지구 평균온도의 연도별 변화를 보여준다. [그림 3]은 1월의 평균온도의 변화, [그림 4]는 7월의 평균온도의 변화이다. 지구 평균온도는 20세기 말부터 빠르게 상승하는 것을 확인할 수 있다.

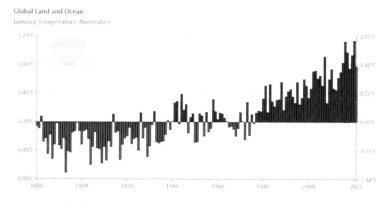

[그림 3] 1901~2000년 전 세계 1월 평균온도의 평균 대비
1월 평균온도의 연도별 변화

출처: 미국 환경정보센터(USNCEI)

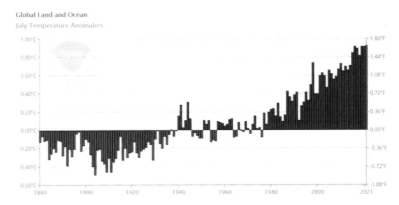

[그림 4] 1901~2000년 전 세계 7월 평균온도의 평균 대비
7월 평균온도의 연도별 변화

출처: 미국 환경정보센터(USNCEI)

기후변화를 관리하기 위해 우리는 무엇을 할 수 있는가?

이산화탄소(CO_2)는 전 세계 온실가스의 4분의 3을 차지하는 대표적인 온실가스로 화석연료의 사용이 CO_2 발생의 주요 요인으로 꼽힌다. 그중에서도 석유는 자동차·선박·항공기 등의 운송, 화력발전, 각종 공업 원료뿐만 아니라 우리가 일상에서 사용하는 많은 기구들의 원료로 사용되고 있고, 그 과정에서 많은 양의 CO_2 등의 온실가스가 배출되고 있다. 특히 우리 일상에서 흔히 접하는 플라스틱은 석유화학공업 제품으로 현재 생산되는 의류의 상당량이 플라스틱 제품인 합성섬유이다.

2021년 7월 대한민국 공영방송 KBS는 <환경스페셜>이라는 프로그램을 통해 헌 옷에 의한 환경오염을 집중 조명했다. 사람들이 환경오염이나 온실가스 발생에 대해서 아무런 염려 없이 쉽게 구입하고 쉽게 버리던 옷을 생산하기 위해서는 엄청난 양의 물과 130℃ 이상의 높은 온도를 필요로 한다는 사실과 옷으로 인해 발생하는 많은 CO_2의 양은 시청자들을 당황시키기에 충분했다. 흰색 티셔츠 한 장을 생산하는 데 사용되는 물의 양은 2,700리터로 한 사람이 3년간 마실 수 있는 물에 해당하며, 청바지 한 장의 탄소 배출량은 33kg으로 자동차가 111km를 이동할 때 배출하는 양에 맞먹고, 1년에 제작되는 청바지의 양은 40억 벌이라고 기자는 말한다. 프로그램에 출연한 한 전문가는 "페트병 하나보다 티셔츠 한 장이 훨씬 더 많은 플라스틱 쓰레기를 유발하는 것"으로 많은 옷의 제작을 기후 위기를 일으키는 원인 중의 하나로 지적했다. 현재 한 해 동안 만들어지는 옷은 약 1,000억 벌이며 그중 33%가 같은 해에 버려진다고 한다. 전 세계의 버려진 옷들은 파키스탄, 가나, 우크라이나, 아랍에미리트연합, 케냐 등과 같이 저임금·저소득 국가로 수출되고, 수출된 옷들 중 일부는 판매되어 재활용되지만 판매되지 못한 상당량의 헌 옷은 소각되거나 아무런 대책 없이 폐기되어 심각한 환경문제를 야기하고 있었다. 아무렇게나 폐기되고 쌓여서 작은 동산을 이룬 헌 옷 더미 위에서 소 떼들이 풀을 뜯어 먹듯이 천 조각을 뜯어 먹던 장면은 시청자들에게 충격을 안겨 주었다.

[표 2]는 2020년 국가 구분별 인구수, 헌 옷 등 중고 섬유관련 제품의 수출액과 수출량 및 구성비율, 1인당 수출액과 수출량을 정리한 표이다. 국가별 헌 옷 등의 수출액과 수출량은 Trademap 웹사이트에서 다운로드 받았고(물품 코드번호 6309), 인구수는 대한민국 통계청 국가통계포털에서 제공하는 국가별 추계인구를 사용하

였다. 2021년 현재 OECD 회원국은 총 38개국이고 BRIICS 국가는 기존의 BRICS 5개국(브라질, 러시아, 인도, 중국, 남아프리카 공화국)에 인도네시아가 포함된 것이다.

[표 2]에 의하면 2020년 한 해 동안 세계에 수출된 약 440만 톤의 헌 옷 등 중고 섬유제품 중 약 75%가 OECD 국가에서 수출되었고 약 12%가 BRIICS 6개국에서 수출되었다. 이 두 그룹의 수출량은 전체의 86.7%에 달한다. 이 한 가지 사례만 살펴보아도 지구 온난화에 따른 환경 부담금을 어떤 국가들이 지불해야 하는지, 또 어떤 국가의 국민들이 변화해야 하는지를 지적하는 것은 어렵지 않을 것이다.

[표 2] 2020년 국가 구분별 헌 옷 수출액과 수출량

구분	2020 인구수 (단위: 천 명)	수출액 (단위: 천$)	수출량6) (단위: Ton)	수출액 구성비율	수출량 구성비율	1인당 수출액 (단위: $)	1인당 수출량 (단위: kg)
OECD 국가	1,364,904	2,868,619	3,387,422	74.9%	77.1%	2.10	2.48
BRIICS 국가	3,510,654	453,277	361,606	11.8%	8.2%	0.13	0.10
기타 국가	2,919,241	508,504	645,841	13.3%	14.7%	0.17	0.22
합계	7,794,799	3,830,400	4,394,869	100.0%	100.0%	0.49	0.56

출처: 인구수-통계청 KOSIS; 헌 옷 관련 자료-Trademap 사이트(코드: 6309)

[표 3]은 2020년 국가별 인구수, 헌 옷 등 중고 섬유관련 제품의 수출액과 수출량, 1인당 수출액과 수출량, 국가별 수출액 구성비율

---

6) 수출량이 제공되지 않은 일부 국가의 수출량은 수출량이 제공된 국가들의 (수출액 총합÷수출량 총합=1톤당 평균 수출액)(단위: 천$)을 산정하였고, (해당 국가의 수출액÷1톤당 수출액)으로 추정하여 산정하였다.

을 정리한 표이다. [표 3]은 전체 수출액 대비 각국의 수출액 구성
비율이 1% 이상인 국가만 포함시켰다. 총 23개국 중 17개국이
OECD 국가이고, 중국을 제외한 상위 5개 국가가 OECD 국가이다.
BRIICS 국가는 중국과 인도 2개국만 포함되었고, BRIICS 국가가
차지하는 비중의 대부분이 중국에 의한 것임을 알 수 있다. 중국과
인도의 경우 두 나라의 인구수는 비슷하지만 헌 옷 등의 수출량은
중국이 월등히 많고 1인당 수출량도 중국이 인도의 4배인 0.20kg
이다.

2020년 한국의 헌 옷 등 중고 섬유관련 제품 수출액의 순위는
세계 4위, 수출량은 세계 3위, 1인당 수출액과 수출량은 각각 세계
6위이다. 특히 1인당 수출량은 5.76kg으로 방송 내용에 기초하면
한국에서 연간 발생하는 헌 옷의 95%가 수출되고 있고, 1인당 연
간 옷 구매량은 평균 68개로 그 중 한 번도 입지 않고 버려지는 옷
이 12%라고 하니 실로 엄청난 양이 아닐 수 없다.

[표 3] 2020년 국가별 헌 옷 수출액과 수출량

순위	국가명*	인구수 (단위: 천 명)	수출액 (단위: 천 $)	수출량** (단위: Ton)	1인당 수출액 (단위: $)	1인당 수출량 (단위: kg)	수출액 구성비율
	전 세계	7,794,799	3,830,400	4,394,869	0.49	0.56	100.0%
1	미국	331,003	663,348	621,544	2.00	1.88	17.3%
2	중국¹	1,439,324	382,382	290,744	0.27	0.20	10.0%
3	영국	67,886	315,393	291,952	4.65	4.30	8.2%
4	한국	51,781	288,864	298,155	5.58	5.76	7.5%
5	독일	83,784	286,231	468,846	3.42	5.60	7.5%
6	파키스탄²	220,892	198,433	279,260	0.90	1.26	5.2%
7	폴란드	37,847	186,566	182,007	4.93	4.81	4.9%
8	네덜란드	17,135	158,901	153,552	9.27	8.96	4.1%

[표 3] 2020년 국가별 헌 옷 수출액과 수출량 (계속)

순위	국가명*	인구수 (단위: 천 명)	수출액 (단위: 천 $)	수출량** (단위: Ton)	1인당 수출액 (단위: $)	1인당 수출량 (단위: kg)	수출액 구성비율
9	벨기에	11,590	122,470	162,305	10.57	14.00	3.2%
10	이탈리아	60,462	113,640	130,621**	1.88	2.16	3.0%
11	캐나다	37,742	88,432	101,646**	2.34	2.69	2.3%
12	일본	126,476	80,060	227,336	0.63	1.80	2.1%
13	리투아니아	2,722	77,038	45,556	28.30	16.74	2.0%
14	프랑스	65,274	68,635	130,859	1.05	2.00	1.8%
15	인도[1]	1,380,004	66,109	68,415	0.05	0.05	1.7%
16	아랍에미리트[2]	9,890	62,567	82,500	6.33	8.34	1.6%
17	말레이시아[2]	32,366	55,628	69,815	1.72	2.16	1.5%
18	터키	84,339	52,056	84,848	0.62	1.01	1.4%
19	헝가리	9,660	51,960	45,414	5.38	4.70	1.4%
20	오스트레일리아	25,500	50,820	89,530	1.99	3.51	1.3%
21	스위스	8,655	47,179	62,144	5.45	7.18	1.2%
22	불가리아[2]	6,948	42,808	29,524	6.16	4.25	1.1%
23	스페인	46,755	42,770	49,161**	0.91	1.05	1.1%

출처: 인구수(통계청 KOSIS); 헌 옷 관련 자료(Trademap 사이트, 코드: 6309)
* 1. BRIIC 국가; 2. OECD 또는 BRIIC 외 국가; 나머지는 OECD 국가임
** 수출량이 제공되지 않은 국가로 수출량은 추정된 값임(계산과정은 [표 2] 참고)

우리는 옷을 구입할 때는 돈을 지불하지만 버릴 때는 돈을 지불하지 않는다. 그 대가는 지구온난화와 기후변화로 되돌아오고 있다. 2021년 여름, 연일 뉴스를 통해 100년 만의 폭우, 이상기온, 지진, 산불 등의 뉴스를 접하면서 해마다 더욱 심각해지는 기후변화를 체감하고 있다. 그러나 많은 사람들은 여전히 국가나 전문가가 알아서 대응할 일로 치부하고 있지는 않은지 자문할 때이다.

기후변화입문서의 저자 미카엘 쉐퍼(Michael Shafer)는 사람들이 깨끗한 공기와 같은 공유 자원을 함께 누리되 해당 자원을 보호하는 비용을 구성원 개개인이 지불해야 할 때 "나 한 사람쯤은 그 비

용을 지불하지 않더라도 다른 사람들이 지불할 것이니 전체적으로는 큰 차이가 없지만 내 돈은 절약할 수 있고 지구는 여전히 안전하다"라고 생각하는 "집단행동의 문제점"을 지적한다. 그는 이러한 "집단행동 문제"는 큰 집단에 속한 구성원 개개인이 각자 비용을 지불해야 할 때 발생하며 그 비용이 클수록 더욱 자주 발생한다고 지적한다. 그는 사람들에게 "너무 덥지도 춥지도 않은 정상적이고 안전한 기후를 즐기되, 자동차와 트럭, 플라스틱 등등에 대한 의존도를 바꾸기 위해 노력하지 않는다면 우리 지구의 미래는 어떻게 되겠느냐?"고 질문한다. 이제 우리는 이 질문을 우리 자신들에게 할 때이다. 어쩌면 이 질문을 통해 우리의 행동을 바꾸어야 할 마지막 기회일지도 모르겠다.

연합과학 2021 서문에서 안토니오 구테흐스 유엔 사무총장은 "**즉각적**이고 **신속**하고 **대규모**로 온실가스 배출량을 감소하지 않으면 지구온난화를 1.5℃로 제한하는 것은 불가능한 일이며 지구와 인류에게는 **대재앙이 초래**될 것이다"라고 경고하고 있다(WMO: 22).

4. 세계의 기후 관련 통계정보

현재 기후변화와 관련한 각종 통계자료 등은 국내외 여러 기관의 온라인 사이트를 통해 쉽게 구하여 활용할 수 있다. 국내외 주요 사이트 몇 군데와 그곳에서 제공되는 일부 통계들을 소개하면 다음과 같다.

1. 통계청 국가통계포털7)(KOSIS)

대한민국 통계청 국가통계포털 사이트의 [국제통계]에서는 다양한 주제들에 대해 국가 간 비교가 가능하도록 통계수치들을 제공한다. 다음은 통계청 국가통계포털의 [국제통계]에서 제공하는 환경 및 에너지 관련 국제통계를 정리한 표이다.

[표 4] 주제별 국제통계: 환경과 에너지 부문

	번호	종류	단위(수록 기간)	국가 수*	항목 수 (세부 항목)**
환경	1	기후	년(1990~1990)	144	6개
	2	CO_2 배출량	년(1990~2017)	146	2개(1-2)
	3	대기오염 배출	년(1990~2017)	135	4개
	4	유해폐기물 발생량	년(1990~2017)	158	1개
	5	산림면적 및 생물다양성	년(1990~2018)	241	7개
	6	오존층 파괴(CFCs 소비량)	년(1990~2019)	188	1개
	7	도시 폐기물	년(1990~2018)	51	1개
	8	농약판매	년(1990~2019)	58	5개
	9	공공 부문의 환경보호지출	년(1990~2013)	46	1개
	10	산림의 자연손실	년(1950~2018)	43	1개
	11	환경관련 세수	년(1994~2018)	43	2개
	12	부문별 쓰레기 발생량	년(1990~2016)	42	8개
	13	초미세먼지(PM2.5) 배출량	년(1990~2017)	269	1개
	14	도시 농촌별 안전관리 식수 이용인구 비율	년(2000~2017)	241	3개
에너지	1	1차 에너지원별 소비	년(2003~2019)	234	6개(발전유형별)
	2	석탄 생산 및 소비	년(1995~2019)	76	4개(3-6)
	3	석유 생산 및 소비	년(1995~2019)	100	4개(3-6)
	4	천연가스 생산 및 소비	년(1995~2019)	92	4개(3-6)
	5	발전량	년(1990~2015)	147	6개
	6	항공유 수입	년(1990~2018)	200	1개

---

7) 여기에 제시되는 표들은 KOSIS 웹사이트에서 다운로드 받은 엑셀 파일에 국가 수와 항목 수를 추가하여 작성되었다.

[표 4] 주제별 국제통계: 환경과 에너지 부문 (계속)

번호	종류	단위(수록 기간)	국가 수*	항목 수(세부 항목)**
에너지	7	항공유 수출	년(1990~2018)	138	1개
	8	재생 에너지	년(1960~2019)	146	1개
	9	연료 수입	년(1990~2018)	193	1개
	10	연료 수출	년(1990~2018)	139	1개
	11	연료 소비	년(1990~2017)	139	2(철도, 도로)
	12	최종 에너지 소비의 재생에너지 비중	년(2000~2017)	274	1개

* OECD 회원국, ASEM 회원국, APEC 회원국, G20 회원국별 통계도 제공
** 괄호 안의 숫자. 1. 총량; 2. 1인당; 3. 생산; 4. 생산 세계점유율; 5. 소비; 6. 소비 세계점유율

[표 5] 세계은행(World Bank) 세계개발지표통계 환경 부문

번호	종류	단위(수록 기간)	항목 수
1	농업의 산출 및 생산성	년(1961~2018)	4
2	농촌환경 및 토지이용	년(1960~2020)	7
3	농업투입	년(1961~2019)	8
4	산림벌채 및 생물다양성	년(1990~2018)	7
5	담수	년(1962~2018)	8
6	에너지 생산 및 사용	년(1960~2018)	4
7	전력생산, 공급원 및 이용	년(1960~2019)	7
8	에너지의존도, 효율성 및 이산화탄소배출량	년(1960~2018)	6
9	온실가스배출량	년(1970~2018)	12
10	부문별 이산화탄소배출량	년(1960~2014)	5
11	기후변화, 기후변화영향 및 회복력	년(1990~2011)	8
12	도시화	년(1960~2020)	5
13	지속가능 에너지	년(1990~2019)	6
14	천연자원 GDP 기여도	년(1970~2019)	6

* 214개 국가별 통계가 제시됨

[표 6] 세계은행(Wold Bank) 기후변화통계와 환경통계

기후변화통계			환경통계		
번호	종류	단위 (수록 기간)	번호	종류	단위 (수록 기간)
1	전기사용률	년(1990~2017)	1	전기보급률	년(1990~2018)
2	농업관계토지	년(2001~2016)	2	농업 메탄 배출량	년(1970~2008)
3	농업토지	년(1961~2016)	3	농업 질소 산화물 배출량	년(1970~2008)
4	농림어업 부가가치	년(1960~2019)	4	CO_2 배출량	년(1960~2016)
5	연간담수량	년(1962~2016)	5	1인당 CO_2 배출량	년(1960~2016)
6	곡물생산량	년(1961~2017)	6	1차 에너지 원단위 수준	년(1990~2015)
7	CO2 배출량	년(1960~2016)	7	멸종위기 물고기 종수	년(2017~2018)
8	1인당 CO2 배출량	년(1960~2016)	8	산림 면적 비율	년(1990~2016)
9	CPIA 등급	년(2005~2019)	9	산림 면적	년(1990~2016)
10	기업환경평가	년(2015~2019)	10	고도 5M 아래 면적	년(1990~2010)
11	소비전력	년(1960~2014)	11	멸종위기 포유류 종수	년(2017~2018)
12	에너지 사용량	년(1960~2015)	12	육상 및 해양 보호지역	년(2016~2018)
13	외국인 직접투자 유입액	년(1970~2019)	13	메탄 배출량	년(1970~2012)
14	산림 면적 비율	년(1990~2016)	14	아산화질소 배출량	년(1970~2012)
15	산림 면적	년(1990~2016)	15	온실가스 배출량	년(1970~2012)
16	국내총생산	년(1960~2016)	16	멸종위기 식물(고등) 종수	년(2017~2018)
17	1인당 국민총소득	년(1962~2019)	17	PM2.5 대기오염(연간노출)	년(1990~2017)
18	민간 에너지 투자	년(1984~2019)	18	PM2.5, WHO 기준을 초과 하는 대기오염 노출 인구	년(1990~2017)
19	민간교통투자	년(1984~2019)	19	고도 5M 아래 인구	년(1990~2010)
20	민간 물 및 위생 투자	년(1987~2019)	20	재생전력 생산율	년(1990~2015)
21	고도 5M 아래 면적	년(1990~2010)	21	재생에너지 소비량	년(1990~2015)
22	메탄 배출량	년(1970~2012)	* 221개 국가에 대해 각 1개 항목의 통계가 제시됨		
23	5세 이하 사망자 수 (출생아 천 명당)	년(1960~2019)			
24	아산화질소 배출량	년(1970~2012)			
25	온실가스 배출량	년(1970~2012)			
26	인구 증가율	년(1961~2016)			
27	100만 이상 도시인구	년(1960~2019)			

[표 6] 세계은행(Wold Bank) 기후변화통계와 환경통계 (계속)

기후변화통계		
번호	종류	단위 (수록 기간)
28	고도 5M 아래 인구	년(1990~2010)
29	인구수	년(1960~2019)
30	빈곤율	년(1967~2018)
31	5세 이하 저체중 비율	년(1983~2019)
32	초등학교 졸업률	년(1970~2020)
33	초등, 중등 남녀 성비	년(1970~2020)
34	도시 인구	년(1960~2019)
35	도시 인구 비율	년(1960~2019)

* 221개 국가에 대해 각 1개 항목의 통계가 제시됨

[표 7] UN 에너지 통계

번호	종류	단위(수록 기간)	국가 수	세부 항목*
1	첨가물 및 산소화합물(Additives and Oxygenates)	년(1990~2019)	46	1-5
2	항공용 휘발유(Aviation Gasoline)	년(1990~2019)	180	1-4, 6
3	버개스(Bagasse)	년(1990~2019)	96	1-4
4	바이오디젤(Biodiesel)	년(1990~2019)	51	1-4
5	바이오가스(Biogases)	년(1990~2019)	58	1, 총 국내 가용량
6	역청(Bitumen)	년(1990~2019)	165	1-4
7	고로가스(Blast Furnace Gas)	년(1990~2019)	62	1, 4
8	바이오 휘발유(Biogasoline)	년(1990~2019)	53	1-5
9	목탄(Charcoal)	년(1990~2019)	203	1-4
10	코크스 오븐(Coke Oven Coke)	년(1990~2019)	114	1-4
11	코크스 오븐 가스 (Coke Oven Gas)	년(1990~2019)	46	1, 4
12	재래형 원유 (Conventional Crude Oil)	년(1990~2019)	161	1-4

[표 7] UN 에너지 통계 (계속)

번호	종류	단위(수록 기간)	국가 수	세부 항목*
13	전기, 발전소 순수 설비용량 (Electricity, net installed capacity of electric power plants)	년(1990~2019) / 년(1990~2009)	234	총용량, 7개 발전유형별
14	낙수(Falling Water)	년(1990~2019)	157	총 수력자원량
15	정유 공급 원료 (Refinery Feedstocks)	년(1990~2019)	161	1-4
16	연료목(Fuelwood)	년(1990~2019)	215	1-4
17	가스 코크스(Gas Coke)	년(1990~2019)	24	1-4
18	가스 오일/디젤 오일 (Gas Oil/Diesel Oil)	년(1990~2019)	229	1-4, 7
19	가스 공장 가스(Gasworks Gas)	년(1990~2019)	52	1-4
20	지열(Geothermal)	년(1990~2019)	32	8-10
21	무연탄(Hard Coal)	년(1990~2019)	164	1-4, 6
22	흑액(Black liquor)	년(1990~2019)	29	1-4, 6
23	수력(Hydro)	년(1990~2019)	172	8-10
24	산업 폐기물(Industrial Waste)	년(1990~2019)	45	1-4
25	등유형 항공유 (Kerosene-type Jet Fuel)	년(1990~2019)	212	1-4, 6
26	기타 등유(Other Kerosene)	년(1990~2019)	217	1-4, 6
27	갈탄(Brown coal)	년(1990~2019)	102	1-4
28	갈탄 연탄(Brown coal briquettes)	년(1990~2019)	142	1-4
29	윤활제(Lubricants)	년(1990~2019)	184	1-4,7
30	자동차용 휘발유(Motor Gasoline)	년(1990~2019)	45	1, 4
31	생활 폐기물(Municipal Wastes)	년(1990~2019)	102	1-4
32	나프타(Naphtha)	년(1990~2019)	102	1-4
33	천연가스 (Natural Gas, including LNG)	년(1990~2019)	144	1-4
34	액성 천연가스 (Natural Gas Liquids)	년(1990~2019)	84	1-3
35	콜타르(Coal Tar)	년(1990~2019)	28	1-5
36	점결탄(Coking coal)	년(1990~2019)	45	1-5
37	원자력 전기(Nuclear Electricity)	년(1990~2019)	36	8-10

[표 7] [UN 에너지 통계 (계속)

번호	종류	단위(제공 기간)	국가 수	세부 항목*
38	오일 셰일/오일 샌드 (Oil shale/Oil Sands)	년(1990~2019)	5	1, 5
39	에탄(Ethane)	년(1990~2019)	20	1-5
40	석유제품 (Other oil products n.e.c.)	년(1990~2019)	154	1-4, 7
41	토탄(Peat)	년(1990~2019)	62	1-4
42	기타 액체 바이오 연료 (Other liquid biofuels)	년(1992~2019)	14	1, 5
43	석유코크스(Petroleum Coke)	년(1990~2019)	97	1-4
44	기타 재생가스(Other recovered gases)	년(1990~2019)	14	1, 5
45	특허 연료(Patent fuel)	년(1990~2019)	40	1-5
46	정유 가스(Refinery Gas)	년(1990~2019)	110	1, 4
47	연료유(Fuel oil)	년(1990~2019)	205	1-4, 7
48	태양력 전기(Solar Electricity)	년(1990~2019)	155	8
49	화력 전기(Thermal Electricity)	년(1990~2019)	235	8
50	조력/파력/해양전기 (Tide, wave and ocean electricity)	년(1990~2018)	5	8
51	총 전기량(Total Electricity)	년(1990~2019)	232	2, 3, 8
52	총 정유 생산량(Total Refinery Output)	년(1990~2019)	141	총처리량, 8
53	우라늄(Uranium)	년(1990~2019)	59	1, 확정, 추가 매장량
54	식물성 폐기물(Vegetal Waste)	년(1990~2019)	94	1-4
55	백유/산업유(White spirit and special boiling point industrial spirits)	년(1990~2019)	100	1-4
56	풍력전기(Wind Electricity)	년(1990~2019)	115	8-10

* 1. 생산량; 2. 수입량; 3. 수출량; 4. 재고량; 5. 총에너지 공급량; 6. 국제 항공유; 7. 국제 선박유;
8. 총생산량; 9. 공공부문 생산량; 10. 자가용 발전 사업자의 생산량

[표 8] 신남방·신북방 환경 및 에너지 통계

	번호	종류	단위(수록 기간)	항목 수 (세부 항목*)	국가 수 (신남방/신북방)
환경	1	기후	년(1990~1990)	6개	9/9
	2	CO_2 배출량	년(1990~2019)	2개	10/12

[표 8] 신남방·신북방 환경 및 에너지 통계 (계속)

	번호	종류	단위(수록 기간)	항목 수 (세부 항목*)	국가 수 (신남방/신북방)
환경	3	유해폐기물 발생량	년(1990~2017)	1개	8/12
	4	산림면적 및 생물다양성	년(1990~2018)	7개	11/14
	5	오존층 파괴(CFCs 소비량)	년(1990~2019)	1개	11/14
	6	도시 농촌별 안전관리 식수 이용인구 비율	년(2000~2017)	3개	11/14
에너지	1	1차 에너지원별 소비	년(2003~2020)	6개	11/14
	2	석탄 생산 및 소비	년(1995~2020)	4개(3-6)	6/8
	3	석유 생산 및 소비	년(1995~2020)	4개(3-6)	8/8
	4	천연가스 생산 및 소비	년(1995~2020)	4개(3-6)	9/8
	5	발전량	년(1990~2019)	6개	10/14
	6	항공유 수입	년(1990~2019)	1개	10/14
	7	재생 에너지	년(1960~2019)	1개	10/14
	8	연료 수입	년(1990~2019)	1개	11/14
	9	연료 수출	년(1990~2019)	1개	7/12
	10	최종 에너지 소비의 재생에너지 비중	년(2000~2018)	1개	11/14

* 1. 총량; 2. 1인당; 3. 생산; 4. 생산 세계점유율; 5. 소비; 6. 소비 세계점유율

2. 환경부 환경통계포털(url: http://stat.me.go.kr/nesis/index.jsp)

대한민국 환경부 환경통계포털 사이트의 [통계조회 ▶ 국가 간 비교통계(OECD)]에서는 OECD 회원국들에 대해 국가별 대기 및 온실가스 배출 등의 통계를 제공하고 있다.

또한 [통계조회 ▶ 참고사이트]에서는 공통, 환경보건·화학물질, 자연환경, 기후·대기, 물 환경/수자원, 상하수도·토양·지하수, 자원순환(폐기물)의 7개 분야에 대해서 국내외 기구/기관의 홈페이지 바로가기가 설정되어 있어서 각종 국제 통계를 탐색하고 확인할 수 있다.

[표 9] 환경부 환경통계포털 국제 환경통계(OECD 국가)

구분	종류	단위(조회 기간)
대기 및 온실가스 배출	국가별 온실가스 1인당 배출량	년(1900~2015)
	국가별 온실가스 총배출량	년(1900~2015)
	국가별 CO, 총배출량	년(1960~2015)
	국가별 황산화물(SOx) 총배출량	년(1990~2017)
	국가별 일산화탄소(CO) 총배출량	년(1990~2017)
	국가별 질산화물(NOx) 총배출량	년(1990~2017)
	국가별 휘발성유기화합물(VOC) 총배출량	년(1990~2017)
자원순환: 폐기물	국가별 폐기물 총발생량	년(1975~2016)
물 환경: 하수처리	국가별 하수처리시설 구역 내 거주인구율	년(1970~2016)
환경관리일반: 환경보호지출계정	국가별 환경보호 지출 및 수입(EPER) - 공공부문 인당 지출금액	년(1997~2013)

[표 10] 환경부 환경통계포털에서 「바로가기」가 설정된 국제 환경관련 사이트

구분	연결 사이트	설명
공통	undata	UNSD(United Nations Statistics Division) 통계 DB
	UN Statistics division(Environment Statistics - Country Snapshots)	국가별 간략히 정리된 환경통계 제공
	OECD Statistics	OECD 국가와 일부 비-OECD 국가의 통계 및 metadata 등을 제공
	OECD Data	
	EPA EDG (Environmental ProtectionAgency)	미국 환경통계
	eurostat	EU 공식 통계기구
	일본 환경성	일본통계
자연환경	UNEP-WCMC(WDPA)	세계보호지역(영문)
	람사르	세계람사르습지 현황(영문)
기후·대기	EU EDGAR	지구 대기 연구용 배출량 DB
	AQICN-중국대기질 정보	
	북경시환경보호감축중심	중국 대기질 모니터링
	Tenki	일본 기상협회

[표 10] 환경부 환경통계포털에서 「바로가기」가 설정된 국제 환경관련 사이트 (계속)

구분	연결 사이트	설명
기후·대기	UNFCCC	유엔기후변화협약 (국가별 온실가스 인벤토리)
	IEA	국제에너지기구
	EIA	미국 에너지정보청
	World Bank	세계은행
자원순환	eurostat	EU 폐기물 통계
	eurostat(E-waste)	EU 전기·전자 폐기물 통계
	mwe	EU 생활폐기물 통계
	GOV.UK	영국 폐기물 통계

3. 국가에너지통계 종합정보시스템(url: https://www.kesis.net/main/main.jsp)

대한민국 에너지경제연구원(KESIS)의 국가에너지통계 종합정보시스템에서는 국내 온실가스, 화석연료(석유·석탄·가스) 수급 및 소비 현황, 신재생에너지 등의 주로 국내자료를 제공하고 있다. [주제별 ▶ 기타에너지정보] 탭에서는 세계 에너지 수급 및 주요 지표에서 에너지 관련 국제통계들을 제공한다.

[표 11] 국가에너지통계 종합정보시스템에서 제공하는 국제통계

구분	종류	단위(조회 기간)
세계에너지 수급(연간)	국가별 에너지 수급(연간)	년(1960~2017)
	주요 국가 가스 수급(연간)	년(1960~2017)
	신재생에너지 보급 현황(연간)	년(1990~2017)
세계에너지 소비(연간)	주요국 1인당 1차에너지소비 (연간; 열량)	년(1971~2017)
	주요국 인당 최소에너지소비 (연간; 열량)	년(1971~2017)

[표 11] 국가에너지통계 종합정보시스템에서 제공하는 국제통계 (계속)

구분	종류	단위(조회 기간)
세계에너지 소비(연간)	주요국 인당 전력소비(연간; 고유단위)	년(1971~2017)
	주요국 인당 수송부문 에너지 소비 (연간; 열량)	년(1971~2017)
	주요국 인당 가정부문 에너지 소비 (연간; 열량)	년(1971~2017)
원자력 전력생산량(연간; 고유단위)	원자력 전력생산량(연간, 고유단위)	년(1971~2017)
주요국 에너지원단위(연간)	주요국 에너지원단위(연간)	년(1971~2017)

4. 에너지정보 소통센터(url: https://www.etrans.or.kr/main/main.
php)

대한민국 산업통상자원부 및 국내 15개 에너지 관련 기관들이
모여서 21개 항목의 에너지 정보를 통합 제공하는 플랫폼으로 국
내외 환경과 에너지 관련 정보를 제공한다.

5. 세계기상기구(World Meteorological Organization, WMO)

UN의 전문 기구로서 세계기상기구 홈페이지에서는 지구의 기후·
기상·물·환경 등에 대한 다양하고 중요한 보고서와 정보들을 제
공하고 있다. 사이트는 영어로 운영되나 한글 번역이 가능하다.

6. 미국 환경정보센터(U.S. National Centers for Environmental
Information, USNCEI)

미국 환경정보센터는 미국 상무부 산하 미국 국립해양대기청
(USNOAA) 사무소인 미국 환경위성정보처(USNESDIS)가 운영하
고 있다. 미국 환경정보센터 홈페이지에서는 지구환경 데이터에 대

한 37페타바이트8) 이상의 포괄적인 대기, 연안, 해양 및 지구 물리
학적 데이터와 다양한 정보를 제공하고 있고 세계에서 가장 큰 대
기, 해안, 지구 물리학 및 해양 연구 자료 보관소 중 하나라고 할
수 있다. 이 사이트 역시 영어로 운영되나 한글 번역이 가능하다.

8) 1페타바이트(PB) $= 2^{20}$ ($\fallingdotseq 10^6$) 기가바이트(GB).

[부록] 본문의 약어와 뜻

약어	풀어 쓴 표현
AI	Artificial Intelligence
COP	Conference of Parties
COVID-19	Corona Virus Disease-19
GHG	Greenhouse Gases
GWP	Global Warming Potential
IPCC	Intergovernmental Panel on Climate Change
KESIS	Korea Energy Economics Institute
KOSIS	Korean Statistical Information Service
OECD	Organization for Economic Co-operation and Development
UNFCCC	United Nations Framework Convention on Climate Change
USC2ES	U.S. Center for Climate and Energy Solutions
USEPA	United States Environmental Protection Agency
USGCRP	U.S. Global Change Research Program
USNCEI	U.S. National Centers for Environmental Information
USNESDIS	U.S. National Environmental Satellite, Data and Information Service
USNOAA	U.S National Oceanic and Atmospheric Administration
WHO	World Health Organization
WMO	World Meteorological Organization
파리기후변화협약	Paris Climate Change Accord
호주 AWED	Australian Government, Department of Agriculture, Water and the Environment

참고문헌

1. 기상청, 온실가스, 기후변화과학 용어 설명집, 2020.
2. 기상청, 온실가스, 기후변화과학 용어 설명집, 2017.
3. 나무위키, 메테인, 2021.9.28. 검색.
4. 네이버 지식백과, 수소불화탄소, 시사상식사전, 2021.08.14. 검색.
5. 네이버 지식백과, 삼불화질소, IT 용어사전, 2021.8.14. 검색.
6. 네이버 지식백과, 바이오매스, 두산백과, 2021.8.26. 검색.
7. 외교부, 파리협정의 의의 및 특징, 2021.9.23. 검색
   (https://www.mofa.go.kr/www/brd/m_20152/view.do?seq=365390).
8. 이원한, "지구가 울고 있다", KoreaScience, No.142, pp.39-41, 한국조경수
   협회(Korea Landscaping Three Association), 2014.
9. 채연석, 처음읽는 미래교과서-우주공학, 김영사, 2007.
10. SBS 뉴스, [취재파일] 초강력 온실가스 '과불화탄소'…산업계 보고 양의 2
    배, 2021.08.26. 검색.
    (http://news.sbs.co.kr/news/endPage.do?news_id=N1002546281&plin
    k=COPYPASTE&cooper=SBSNEWSEND).
11. 호주 AWED, Water and the Environment, Greenhouse Effect, published
    August 2021, retrieved on August 14, 2021 from(https://www.envi
    ronment.gov.au/climate-change/).
12. IPCC, 2021: Summary for Policymakers. In: Climate Change 2021: The
    Physical Science Basis. Contribution of Working Group I to the
    Sixth Assessment Report of the Intergovernmental Panel on
    Climate Change [MassonⓉDelmotte, V., P. Zhai, A. Pirani, S.L.
    Connors, C. Péan, S. Berger, N. Caud, Y. Chen, L. Goldfarb, M.I.
    Gomis, M. Huang, K. Leitzell, E. Lonnoy, J.B.R. Matthews, T.K.
    Maycock, T. Waterfield, O. Yelekçi, R. Yu, and B. Zhou (eds.)].
    Cambridge University Press. In Press.
13. NASA, Farms Acts as Major Source of Air Pollution, retrieved on August
    25, 2021 from
    (https://www.giss.nasa.gov/research/features/201605_farms/).

14. NASA, Global Climate Change, Vital Signs of the Planet, retrieved on August 28, 2021 from (https://climate.nasa.gov/interactives/climate-time-machine).

15. OECD, Air and GHG emissions, retrieved on August 25, 2021 from (https://data.oecd.org/air/air-and-ghg-emissions.htm).

16. UNFCCC, Glossary of climate change acronyms and terms, retrieved on August 25, 2021 from (https://unfccc.int/process-and-meetings/the-convention/glossary-of-climate-change-acronyms-and-terms#g).

17. USC2ES, Changes in the Climate, published August 2021, retrieved on August 14, 2021 from (https://www.c2es.org/content/changes-in-climate/).

18. USEPA, Overview of Greenhouse Gases, retrieved on September 18, 2021 from (https://www.epa.gov/ghgemissions/overview-greenhouse-gases).

19. USGCRP, the Third National Climate Assessment, retrieved on August 14, 2021 from (https://nca2014.globalchange.gov/report/our-changing-climate/sea-level-rise#intro-section).

20. WARMHEARWORLDWIDE, Climate Change Primer(기후변화입문서), Published 2017, Michael Shafer, retrieved on August 14, 2021 from (https://warmheartworldwide.org/climate-change/).

21. WMO, WMO Statement on the State of the Global Climate in 2019, retrieved on August 28, 2021 from (https://library.wmo.int/index.php?lvl=notice_display&id=21700#.YRC_BIgzaUn).

22. WMO, United in Science 2021, WMO, published 10 Sept. retrived on September 28, 2021 from (https://public.wmo.int/en/media/press-release/climate-change-and-impacts-accelerate).

제2장

기후 위기 시대, 산림생태계 보전을 위한 노력

이수현(생명의숲연구소 부소장)

1. 기후 위기 시대, 산림생태계 보전의 중요성

지난 2021년 11월 영국 글래스고에서 개최된 기후변화당사국총회에 참석한 141개 국가의 정상들은 전 지구적인 기후변화 대응 노력을 강조하며, '글래스고 기후 합의(Glasgow Climate Pact)'를 발표하였다. 이에 앞서 대한민국 정부는 2020년 10월 기후 위기에 대응하기 위한 국가 비전으로서 '2050 탄소중립 선언'을 발표하였으며, 2021년 10월에는 이 선언에 따른 '2050 탄소중립 시나리오'를 수립하여 발표하였다. 이렇듯 전 세계는 현재의 기후 위기 상황을 더 이상 방치할 수 없으며, 이를 극복하기 위해 전 세계의 시민들이 함께 나서줄 것을 촉구하고 있다.

'글래스고 기후 합의'에서는 기후 위기 대응을 위해 2030년까지 산림 손실과 토지 황폐화 중단에 동참할 것을 서약하였으며, '2050 탄소중립 시나리오'에서는 신규 조림, 산림탄소흡수원 복원 등 탄소흡수원 확충을 위해 노력할 것을 발표하였다.

이렇듯 산림 보전 및 확충은 전 세계적으로 기후 위기에 대응하기 위한 중요한 방안 중의 하나로 인식되고 있으며, 각 나라들은 이를 위한 세부적인 정책 수단 마련과 재원 확보를 약속하고 있다.

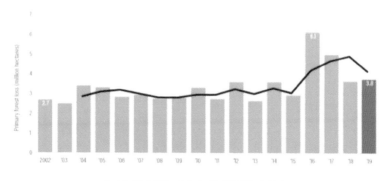

[그림 1] 2002~2019 열대원시림 손실량

출처: WRI

그러나 실제 현장에서 벌어지고 있는 상황은 이러한 각국 정부의 의지를 무색하게 한다. 유엔세계식량농업기구(UNFAO)에서 발표한 '2020년 세계산림현황(2020 The State of The World's Forests)'에 따르면, 지난 30년간(1990년부터 2020년까지) 약 4억 2천만 ha의 산림이 훼손되었다고 한다. 그리고 세계자원연구소(World Resource Institute, WRI)는 2019년에 매 6초마다 축구장 크기만 한 열대원시림이 사라졌다고 보고하였다. 이는 2018년보다 2.8% 더 큰 규모이며, 최소한 2.8기가 톤의 이산화탄소 배출을 야기하여 기후변화를 가속시키는 요인이 되고 있다.

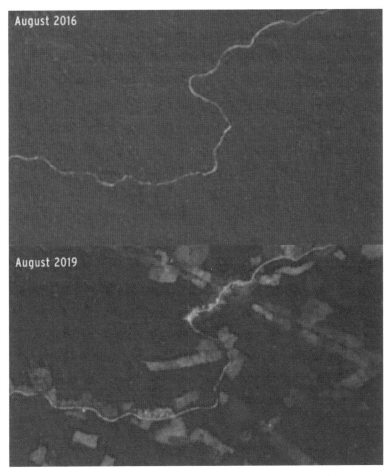

[그림 2] 페루 아마존 지역의 벌채에 의한 훼손(위성영상 전, 후)

출처: Copernicus Sentinel Data 2016, 2019, processed by ESA. College, EIA

국내 산림의 상황도 녹록하지 않다. 국가통계포털에서 제공하는 연도별 산림면적을 보면, 우리나라의 전체 산림면적은 2011년도의 6,347,783ha, 2020년도 6,286,438ha로, 지난 10년 동안 61,345ha

(여의도 면적의 211배 규모)의 산림면적이 감소하였으며, 연도별로 지속적인 감소 추세를 보이고 있다.

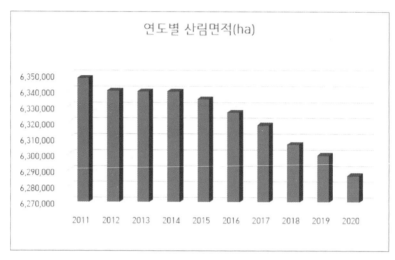

[그림 3] 우리나라 연도별 산림면적 추이

출처: 국가통계포털

    이러한 산림 훼손의 원인들은 산불 피해, 병해충 피해 등의 자연적인 요인들도 있으나, 농지로의 전환, 광산 개발, 도로 등의 인프라 개발, 택지 개발, 땔감 확보를 위한 무단 벌채 등의 인위적인 요인들이 더 큰 비중을 차지한다.

[그림 4] 팜 농장 조성을 위한 산림 훼손(인도네시아)

전 세계적으로는 오일팜 농장, 카카오 농장, 소 방목을 위한 목축지 조성 등 산림 지역의 농지로의 전환이 가장 큰 산림 훼손 요인으로 꼽히고 있다. 국내의 경우에는 도시의 팽창으로 인한 택지개발과 도로 등 인프라시설 등의 개발로 인한 산림 훼손, 리조트 개발 등의 레저 시설을 위한 산림 훼손 등이 큰 요인이 되고 있다.

2. 지속 가능한 산림경영(SFM)과 FSC 인증

이러한 무분별한 산림 훼손을 줄이고, 기후 위기 대응을 위한 산림의 기능을 높이기 위해 전 세계적으로 '지속 가능한 산림경영 (Sustainable Forest Management, SFM)'을 위한 다양한 정책과 제도들을 운영하고 있다.

지속 가능한 산림경영은 산림이 지닌 생태적·경제적·사회적·

문화적 기능을 세대 간 형평성을 고려하여 지속 가능하도록 경영한 다는 의미로서, 지난 1992년 브라질 리우에서 개최된 유엔환경개발 회의(UNCED)에서 채택된 산림원칙 성명이 그 출발점이라고 할 수 있다. 이 회의에서 국제산림협약 제정을 목표로 협상을 진행하였으나, 각 나라의 입장 차이를 좁히지 못해, 무분별한 산림 벌채를 막기 위한 구체적인 합의는 내리지 못하고, 법적 구속력이 없는 산림 원칙 성명을 채택하는 것으로 마무리되었다.

이에 대해 실망한 전 세계 환경운동가들과 지역사회 지도자 그룹, 다양한 기업들이 자발적으로 모여 '산림관리위원회(Forest Stewardship Council, FSC)'를 설립하였다. 1994년에 설립된 FSC 협회는 소비자들이 지속 가능하게 경영된 산림에서 생산된 목재 및 이를 원료로 하여 생산된 목제품을 구입할 수 있도록 하기 위한 제도로서 FSC 인증 제도를 운영하고 있다. 이 외에도 PEFC 산림 인증 및 ISO 산림 인증 등의 지속 가능한 산림 경영을 촉진하기 위한 제도들이 운영되고 있다.

[그림 5] FSC 인증 마크

출처: FSC 홈페이지

3. 열대우림 파괴의 주범,
   불법 벌채 방지를 위한 노력

그럼에도 불구하고 무분별한 불법 벌채에 의한 산림 훼손 문제는 심각한 상황이다. 인터폴(INTERPOL)과 유엔환경계획(UNEP)이 2012년에 공동으로 발간한 보고서에 따르면 전 세계적으로 불법 벌채되는 목재의 가치는 연간 1천억 달러 규모로, 전 세계 목재교역량의 15~30%를 차지는 것으로 추정된다고 한다. 불법 벌채로 인해 연간 500만 ha의 산림이 파괴되고 있으며, 이는 전 세계 온실가스 배출량의 약 20% 규모로 추정된다고 한다.

불법 벌채로 인한 산림 훼손을 방지하기 위해 다양한 조치들이 취해지고 있다. 1992년의 리우회의에서는 불법 벌채를 막기 위해서는 국가 차원의 책임이 필요함을 권고하였으며, 이 권고를 이어받아 1995년부터 산림 관련 정부 간 패널과 포럼에서 불법 벌채 관련 행동을 위한 제안서들이 논의되었고, 1998년 G8 정상회의에서 산림행동계획을 채택하고 선진국 중심의 대책 마련을 위한 활동들이 시작되었다.

이에 따라 2003년부터 유럽연합의 '산림제도, 거버넌스 및 무역 관련 법(Forest Law Enforcement, Governance and Trade, FLEGT)' 제정, 미국의 '레이시법(Lacey Act)' 수정(2008년), 그리고 유럽연합 '목재 규정 제정'(2010년) 등 불법 벌채된 목재의 교역을 제한하기 위한 각 국가별 제도들이 도입되었다. 2011년 아시아·태평양경제협력체(APEC)에서는 '불법 벌채 목재 교역 금지를 위한 전문가그룹(Export Group on Illegal Logging and Associated

Trade, EGILAT)'을 설립하고 회원국(21개국) 간 합법 목재 교역 증진을 위한 단계별 실행계획 수립을 추진하고 있다. 국내에서는 2019년 10월부터 '합법목재 교역촉진제도'가 시행되어, 불법 벌채된 목재들의 수입을 규제하고 있다.

[그림 6] 미얀마 사가잉주 불법 벌채 현장 단속 모습

출처: 미얀마 산림청, 2020년

이렇듯, 불법 벌채를 방지하기 위해 미국, 유럽연합, 호주 등 다수의 국가들이 불법 벌채목의 유통을 제한하는 법률을 시행하고 있지만, 벌채, 운반, 가공, 수출/수입, 판매 등을 거치면서 은밀하고 광범위하게 이루어지는 불법 벌채 행위들을 정부기관의 감시만으로 막는 것은 현실적인 어려움이 있다. 이에 따라 여러 국제 환경단체들이 불법 벌채와 불법 벌채목의 유통을 감시하고 이에 대한 처벌

을 각국 정부에 권고하고 있다.

4. 불법 벌채 방지를 위한 국제 시민사회의 노력

이 중 영국 왕실의 국제문제 관련 연구기관으로 1920년에 설립된 '채텀하우스(Chatham House)'는 목재 생산국 및 소비국들로부터 목재의 합법적이고 지속 가능한 국제 무역에 초점을 맞춰 활동하고 있으며, 1948년에 설립된 '세계자연보전연맹(IUCN)'은 각 국가들이 불법적인 벌채와 관련된 무역을 하지 못하게 지원할 뿐 아니라 보호지역 관리, 희귀 및 멸종 위기 동식물 보전 등 다양한 보전 활동을 진행하고 있다. 그 외에도 '세계자연기금(WWF)', '그린피스(Greenpeace)' 등은 국제환경보전 활동가들이 열대우림, 원시림 지역에 대한 보전 활동을 많이 하고 있으며, '국제산림연구센터(CIFOR)' 등의 국제연구기관들도 불법 벌채 및 무역 관련 연구 활동들을 진행하고 있다.

현재 전 세계적으로 불법 벌채 및 무역 관련 감시활동을 가장 활발하게 하고 있는 시민단체로는 미국 워싱턴에 본부가 있는 '환경조사기구(Environmental Investigation Agency, EIA)'와 영국 정부의 지원을 받고 있는 '산림 경향(Forest Trends)'을 들 수 있다.

국제 환경단체인 '환경조사기구(Environmental Investigation Agency, EIA)'는 1984년부터 야생생물보호와 산림보호 등과 관련된 다양한 활동을 해오고 있으며, 인도네시아, 미얀마 등 동남아시아와 아마존 지역, 동유럽 등의 불법 벌채와 유통 행위에 대한 감시활동을 활발히 진행하고 있다.

[그림 7] EIA 웹사이트의 불법 벌채 및 목재 밀매 정보 페이지

2012년 EIA는 미국 유명 악기 제조사 깁슨(Gibson)이 마다가스카르와 인도로부터 불법으로 벌채된 최고급 목재인 흑단(ebony)을 구매하여 미국으로 수입한 것을 밝혀내어 미 연방정부의 조사를 이끌어냈다. 이후 혐의를 인정한 깁슨사는 30만 달러의 벌금과 5만 달러의 동식물 보호 캠페인 비용을 지불하고, 26만 달러 상당의 압수된 목재에 대한 소유권을 포기하는 등 큰 손실을 입었다. 이 사례는 불법 벌채목의 유통과 소비, 불법 벌채를 방지하는 데 있어 정부와 민간단체 협력의 중요한 사례로 꼽히고 있다.

[그림 8] 깁슨 기타의 불법 목재 수입 사건에 대한 EIA의 소개자료

    EIA는 산림 관련 범죄를 폭로하고 불법적으로 공급된 목재 제품과 그곳에서 생산된 상품들을 국제시장에서 제거하는 것을 목적으로 다양한 조사 활동과 캠페인을 전개하고 있다. 이를 위해 아프리카, 러시아, 루마니아, 페루 등의 불법 벌채 행위를 감시하고, 미국 등 국제시장에서의 불법 벌채목 거래를 제한하는 법률 제정 및 거버넌스 구축을 위해 노력하며, 지역사회에서 불법 벌채 행위를 줄이고 숲과 더불어 사는 공동체를 건설하는 활동을 지원하고 있다.

    2019년 7월 EIA는 아프리카 가나의 불법 로즈우드 무역에 관한 보고서를 발표했는데, 이 보고서 발표 이후 중국과 가나의 불법 무역 근절을 위한 국제적 캠페인이 전개되었으며, 그 결과 가나에서 중국으로의 로즈우드 수출량이 약 90%가량 감소하였다.

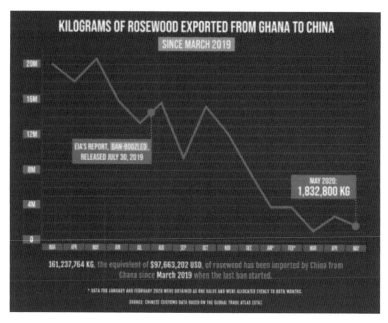

[그림 9] 2019년 3월에서 2020년 5월까지의 가나에서 중국으로의 로즈우드 수출량

　이 보고서에서 EIA는 가나에서 2012년 이후 약 540,000톤(약 6
백만 그루의 나무에 해당하는 양) 이상의 로즈우드가 불법적으로
벌채되어 중국으로 수출된 것으로 추정하였다. 이 보고서 발표 이
후 가나의 시민사회에서는 강력한 우려를 표명하였으며, 국제 언론
들은 이 조사결과를 크게 보도하였다. 가나의 국토자원부는 2019년
8월 「로즈우드 무역 부패혐의 조사위원회」를 구성하였고, 국제환경
단체인 「열대우림 구조(Rainforest Rescue)」는 가나에 압력을 요구
하는 청원을 시작하였다. 그 결과 목재합법성을 유지하고 로즈우드
의 불법 거래를 종식시켰으며, 전 세계 시민들로부터 138,000개 이
상의 서명을 받아내었다.

국제 환경단체인 '산림 경향(Forest Trends)'은 전 세계의 산림 보전과 관련된 활동들을 1999년부터 20년 이상 진행하고 있으며, 불법 벌채와 유통에 대해 감시하고 이에 대해 제재할 것을 각국 정부에 권고하고 있다.

Forest Trends는 '불법 벌목 및 관련 거래 위험 평가 도구(Illegal Logging Trade Rist Assessment Tool; ILAT Risk)'를 이용해서 현재 211개국 주요 위험 지표를 분석하고 있으며, 기준 지표는 거버넌스 및 수확 리스크, 갈등 위험, 불법 임산물 수출 위험 등 3개의 범주로 판단하고 있다.

[그림 10] Forest Trends의 불법 벌목 및 관련 거래 위험 평가 도구
(Illegal Logging Trade Rist Assessment Tool, ILAT Risk)

국제 환경단체인 '세계자연기금(World Wide Fund for Nature, WWF)'은 전 세계 생물자원의 보전을 위해 1961년 창립하였으며, 전 세계적으로 100여 개국에 지부를 두고 활동하고 있다.

세계자연기금은 기후, 음식, 숲, 담수, 해양, 야생동물 등 6개 영역의 목표를 가지고 활동하고 있으며, 숲의 지속 가능한 이용과 보전을 위해 불법적인 벌채를 방지하기 위한 활동들을 전개하고 있다.

[그림 11] WWF 홈페이지의 불법벌채 방지 관련 페이지

세계자연기금은 불법벌채를 방지하기 위하여 불법 목재 관련 사건을 기소하는 미국 정부의 역량을 강화하기 위해 노력하며, 대량의 목재를 수출하는 국가에서의 불법벌채를 중지하기 위한 활동, 레이시법의 완전한 이행을 보장하기 위한 활동, 장작 이외의 연료에 의존하는 농촌 에너지 프로그램을 설계하는 활동 등을 전개하고 있다.

1920년에 창설된 '채텀하우스'는 영국의 왕립국제문제연구소로서 국방 및 보안 문제, 경제 및 무역, 환경, 건강, 정치, 사회 등 다양한 분야의 국제 문제에 대해 연구하고 있다. 이 중 천연자원관리 분야에서는 화석 연료 및 기타 추출산업의 미래, 불법 벌목 및 산림 벌채에 대응하는 산림 거버넌스, 해양 거버넌스 등에 대한 연구를 수행하고 있디.

채텀하우스는 2000년부터 불법 목재에 대한 국제 무역 문제를 위한 노력에 초점을 맞춰 활동하고 있으며, 산림 거버넌스와 합법성(Forest Governance and Legality) 등에 관한 조사와 연구를 진행하고 있다. 이와 관련하여 불법 벌목 및 거래를 해결하기 위한 정부 및 민간 부분의 노력을 평가하기 위해 19개국의 산림 거버넌스와 합법성을 모니터링하고 있으며, 그 결과를 웹사이트를 통해 공개하고 있다.

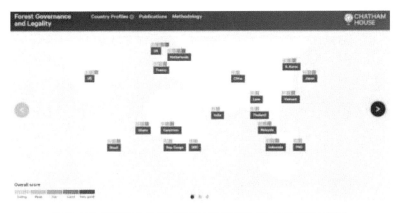

[그림 12] 채텀하우스 '산림 거버넌스와 합법성' 모니터링 평가 페이지

국제 환경단체들이 이렇듯 불법 벌채 방지와 산림생태계 보전을

위해 활발히 활동하고 있지만, 아직까지 국내 시민단체들은 국제 환경단체들에 비해 활동이 미약한 상황이다. 환경운동연합을 비롯하여 몇 개 단체들이 국제 환경단체들과의 네트워크를 활용하여 국제 산림 문제에 공동으로 대응하기 위한 노력들을 진행하고는 있지만 아직 성과는 미비한 편이다. 목재의 85% 이상을 수입 목재에 의존하고 있는 우리나라의 현실상 열대우림을 비롯한 해외 산림생태계 보전에 대해서도 보다 적극적인 노력을 기울일 필요가 있다.

5. 산림 보전과
불법 벌채 방지 활동에 대한 관심과 지원이 필요

숲은 배출된 온실가스를 흡수함으로써, 기후 위기를 늦출 수 있는 주요한 자원이다. 또한 전 세계적으로 다양한 생물들과 사람들이 숲에 기반한 삶을 살아가고 있다. 현재와 같은 기후 위기의 시대에 산림 보전의 문제는 우리 인류의 삶과 직접적으로 연관되는 매우 중요한 사안이다. 이는 현세대뿐 아니라 다음 세대를 위해서 더욱 중요한 문제이다.

숲은 한번 파괴되면 다시 원상 복구가 되기까지 오랜 시간이 소요된다. 시간이 흘러도 아예 복원할 수 없는 곳도 있다. 그러므로 목재를 생산, 벌채하고 이용하는 모든 과정은 매우 주의 깊게 계획적으로 이루어져야 한다. 당장의 작은 이익 추구 행위가 우리의 생명을 단축시킬 수도 있다. 이러한 경각심을 갖고 우리나라뿐 아니라 전 세계의 산림 보전과 불법 벌채 방지 활동들에 대해 관심을 갖고 지원하는 것이 성숙한 세계 시민의 의식일 것이다.

제3장

지속 가능한 사회와 ESG 경영

이승은(대전보건대학교 의료경영과)

1. PRI와 ESG 경영

　최근에 이슈가 되고 있는 ESG는 1970년대 이후 촉발된 지속가능금융 개념의 진화과정에서 부각된 개념이다. 2005년 초 당시 코피 아난(Kofi Annan) 유엔사무총장이 세계 최대의 기관 투자자 그룹을 초청하여 책임 있는 투자 원칙(Principles for Responsible Investment, PRI)을 개발했는데, ESG 이슈가 투자 포트폴리오 성과에 영향을 줄 것이라고 믿었다. PRI는 유엔환경계획 금융이니셔티브(United Nations Environment Programme Finance Initiative, UNEP FI) 및 유엔 글로벌 콤팩트(UN Global Compact)와 협력하여 제안된 투자원칙이다. 지구온난화로 인한 기후변화의 리스크를 감안할 때 ESG 경영을 하는 기업에 투자하면 장기적으로 성과가 좋을 것이라는 제안이다.

　유엔환경계획 금융이니셔티브(UNEP FI)는 1992년 리우정상회담에서 지속가능발전(Sustainable Development)에 대한 전 세계적 합의를 계기로 도이체방크, UBS와 같은 선진 금융기관의 제안으로 설립된 유엔환경계획(UNEP)과 금융 부문 간의 공공-민간 파트너십이다. 전 세계 대표적인 은행, 투자펀드사, 보험사 등 200여 금융기관들이 회원으로 등록되어 있다.

유엔글로벌 콤팩트 역시 1999년에 코피 아난 유엔사무총장이 스위스 다보스 포럼에서 국제사회의 윤리와 환경보호, 지속 가능한 개발을 지향하는 새로운 경제 패러다임을 모색하기 위해 제안한 것이다. 기업 활동에 있어서 인권, 노동, 환경, 반부패 분야의 10대 원칙을 권장하고 이를 위한 실질적 방안을 제시하는 자발적 기업시민 이니셔티브다. 현재 162개국 18,000여 개 회원(10,000여 개 기업회원 포함)이 참여하고 있다.

2006년에 시작된 **PRI**는 이후 지속적으로 성장해 2006년 63개 기관의 참여에서 2021년 3,826개의 기관으로 증가했고, 올해 6월 기준으로는 4,987개 기관이 참여하고 있다. 우리나라의 서명기관은 24개 기관이다. 일본의 경우 114개 기관이다. [그림 1]에서와 같이 세계 ESG 자산 규모는 2020년 35조 달러에서 2022년 41조 달러로 성장했다.

ESG는 환경(Environment), 사회(Social) 및 지배구조(Governance)의 이니셜을 사용하여 만든 단어로 비재무 정보이지만 회사에 투자할 때 사용되어 더 나은 경영을 수행하는 회사의 지표로 간주되게 되었다. 전통적으로 기업 가치를 측정하는 주요 방법은 비즈니스 성과 및 재무 상태를 분석하는 것이었지만, 환경 및 사회 문제, 그리고 지배구조를 해결하려는 노력이 회사의 안정적이고 장기적인 성장에 상당한 영향을 미친다는 믿음이 널리 보급되어 ESG 투자는 세계적인 추세가 된 것이다. IMF도 ESG 투자를 다양한 자산군에 적용될 수 있는 다차원적 평가체계, 즉 ESG를 경영의사결정 및 투자전략에 통합하는 과정이라고 정의했다.

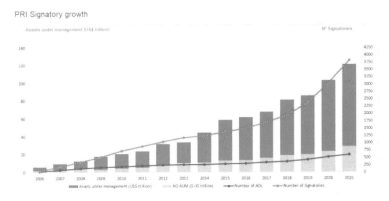

[그림 1] PRI 참여 기관 수 및 투자자산 추이

출처: PRI 홈페이지(www.unpri.org)

책임 있는 투자의 원칙은 투자자가 회사를 분석하고 평가할 때 장기적인 관점을 취하고 ESG 정보, 즉 환경(Environment), 사회 (Social) 및 지배구조(Governance)를 고려한 투자를 요구하는 것이 다. 기관 투자자는 수혜자의 장기적인 이익을 위해 행동해야 할 의 무가 있고 이 신탁 역할에서 환경, 사회 및 지배구조 문제가 투자 포트폴리오의 성과에 영향을 주어야 한다고 생각한다. 다음 6가지 원칙의 적용이 투자자가 사회의 더 넓은 목표에 더 잘 부합할 수 있음을 알고 원칙을 지킬 것을 약속하고 있다.

[표 1] PRI 책임투자원칙

1. 우리는 ESG 이슈들을 투자 분석 및 투자 의사 결정 프로세스에 반영한다.
2. 우리는 적극적인 소유자로서 ESG 이슈를 소유권 정책 및 관행에 통합한다.
3. 우리는 투자 대상에게 ESG 이슈들의 정보 공개를 요청한다.
4. 우리는 투자 산업 내에서 원칙의 수용과 실행을 촉진한다.
5. 우리는 원칙 이행에 대한 효과를 향상시키기 위해 함께 노력한다.
6. 우리는 각자 우리의 활동과 원칙 이행에 대해 보고한다.

출처: PRI 홈페이지(www.unpri.org)

2008년 글로벌 금융위기 이후 전통적 금융에 대한 반성으로 사회적 가치를 중시하는 지속가능금융의 공감대가 확산되었고, 2010년대 초반 사회적 금융 중심으로 지속가능 금융에 대한 논의가 전개되었으며, 최근 기후·환경 변화의 중요성 대두, 탄소중립 의제화 등의 영향으로 환경 논의가 부각되면서 기업의 ESG 정보는 중요한 투자정보가 되었다.

따라서 2006년 이후 ESG 정보공개제도를 도입하는 국가는 꾸준히 증가해 2020년 기준 84개국에서 ESG 정보공개제도를 도입하고 있다. 유럽 국가들은 법에 근거하여 ESG 정보를 공시 의무화하는 추세이며 미국, 일본은 거래소 규정 또는 특정 이슈 공시를 통해 공개한다. UN도 최근 ESG 정보를 공시하는 사회 책임투자를 의무화했다.

이러한 추세에 따라 우리나라도 금융위원회가 기업공시제도 종합개선방안에서 ESG 정보공시 의무화를 규정한 바 있다.

그러나 ESG를 실행하는 면에 있어서는 종종 CSR(Corporate Social Responsibility, 사회적 책임) 개념과 혼동한다. ESG와 혼동되는 또 하나의 개념으로 SDGs(Sustainable Development Goals,

지속가능발전목표)가 있다.

이 글에서는 ESG의 올바른 실행을 제안하기 위해 이 두 가지 개념과 어떤 관련이 있는지 살펴보고자 한다.

그리고 기후변화에 기인한 재무적 영향 관련 공시체계 마련을 위해 설립된 TCFD(Task force on Climate-related Financial Disclosure, 기후 관련 금융정보 공시에 관한 태스크 포스)의 권고안을 살펴봄으로써 기업이 ESG 정보 공시를 위해 실행해야 할 활동들을 정리해 보고자 한다.

2. ESG와 CSR(기업의 사회적 책임)

ESG와 종종 혼동되는 한 가지 개념은 CSR(Corporate Social Responsibility)이다. CSR은 '기업의 사회적 책임'을 의미한다. 사회 구성원으로서 기업은 자신의 경제적 이익뿐만 아니라 기업 윤리 및 사회 공헌에도 중요성을 두어야 한다. ESG는 기업 윤리와 사회 공헌의 구체적인 내용 중 하나라고 할 수 있다. 기업은 CSR을 이행해야 한다는 철학에 입각해 ESG 이니셔티브를 구현하고 평가하는 구조가 되는 것이다.

'사회적 책임'에 대한 지침은 2010년 국제표준 ISO 26000으로 제정되었지만, 기업의 사회적 책임에 대한 활동은 18세기로 거슬러 올라가 기업이 노동자, 시민사회 및 환경에 대해 관심을 기울인 데서부터 시작되었다. 기업의 경제적 역할뿐 아니라 노동, 인권 및 환경 분야에 대한 국제적인 관심이 세기를 거듭하며 지속적으로 발전해 2010년에 ISO 26000이라는 국제표준으로 그 개념이 정립되었다고 할 수 있다.

이 표준은 조직이 지속 가능한 개발에 기여하도록 지원하기 위한 것으로, 조직이 사회적 책임을 다하기 위한 방향성을 제시하고 있다. 이는 법률 준수가 모든 조직의 기본 의무이자 사회적 책임의 필수 부분임을 인식하여 법률 준수를 넘어선 것을 장려하기 위한 것이며, 사회적 책임 분야에서 공통의 이해를 증진하고, 사회적 책임에 대한 다른 도구 및 이니셔티브를 대체하는 것이 아니라 보완하기 위한 것으로 개발되었다.

ISO 26000은 사회적 책임과 관련된 개념, 용어 및 정의, 사회적 책임의 배경, 경향 및 특성, 사회적 책임과 관련된 원칙 및 관행, 사회적 책임의 핵심 주제 및 문제, 그리고 조직 전체에 걸쳐 조직의 정책과 관행을 통해 조직의 영향력 범위 내에서 사회적으로 책임 있는 행동을 통합, 구현 및 촉진하고, 이해관계자 식별 및 참여, 사회적 책임과 관련된 약속, 성과 및 기타 정보를 전달한다.

조직의 사회적 책임의 실행과제로는 조직 지배구조(거버넌스), 인권, 노동관행, 환경, 공정운영, 소비자 이슈, 지역사회 참여 및 개발 등 7대 핵심 주제를 담고 있다. ISO 26000에서 규정하고 있는 핵심 주제들은 기업이 ESG 경영에서 실행해야 할 주제가 된다.

1) 조직 지배구조(거버넌스)

조직 거버넌스는 조직이 조직의 목표를 추구하는 데 의사 결정을 내리고 그 의사 결정을 실행하는 시스템을 말한다. 조직 거버넌스는 조직 내 의사 결정의 프레임워크이기 때문에, 모든 조직의 핵심 기능이다. 조직 거버넌스는 규정된 구조는 물론 비공식적 메커니즘으로도 구성될 수 있는데, 비공식 메커니즘은 공식적 거버넌스 메커니즘과 조직을 이끄는 사람으로부터 영향을 받는 조직의 문화 및 가치에 연계되어 나타날 수 있다.

효과적인 거버넌스는 사회직 책임 원칙을 의사결정 및 실행에 통합하는 것에 기초를 둔다. 이 원칙은 설명책임, 투명성, 윤리적 행동, 이해관계자 이해관계 존중, 법치 존중, 국제행동규범 존중 및 인권 존중이다. 이 원칙 외에 조직은 거버넌스 시스템을 만들고 검토할 때 사회적 책임 관행, 그리고 인권, 노동 관행, 환경, 공정 운영, 소비자 문제, 지역사회의 참여 및 발전 문제도 고려해야 한다. 리더십은 효과적인 조직 거버넌스에 아주 중요하다. 이는 사회적 책임을 실행하고 사회적 책임을 조직 문화 안으로 통합하는 의사결정뿐만 아니라 피고용인의 동기부여에도 중요하기 때문이다.

2) 인권

인권은 모든 인간이 부여받은 기본권이다. 인권에는 두 가지의 넓은 범주가 있다. 첫째 범주는 생명권, 자유권, 법 앞에서의 동등 및 표현의 자유 같은 시민권 및 정치적 권리이다. 둘째 범주는 노동권, 식량권, 최상보건기준권, 교육권, 사회보장권 같은 경제적·사회적 및 문화적 권리이다.

다양한 도덕적·법적 및 지적 규범은 인권이 법 또는 문화적 전통을 초월한다는 전제에 근거한다. 인권의 중요성은 국제사회의 국제인권장전 및 핵심 인권 선언서에서 강조되어 왔다. 더 넓게 조직은 권리 및 자유가 완전히 실현되는 사회 및 국제 질서로부터 이득을 얻을 것이다. 대부분의 인권법은 국가 및 개인 간의 관계에 관련되지만, 비국가 조직이 개인의 인권에 영향을 줄 수 있으므로, 비국가 조직도 인권을 존중할 책임이 있다는 인식이 널리 알려져 있다.

인권에 대한 인식 및 존중은 법치, 사회정의 및 공정성 개념의 핵심으로 널리 간주되며, 사법 시스템 같은 사회의 가장 핵심적인 제도의 기본 토대로 간주된다. 국가는 인권을 존중하고 보호하며 실현할 의무 및 책임이 있다. 조직은 조직의 영향권 내를 포함하여 인권을 존중할 책임이 있다.

3) 노동 관행

조직의 노동 관행은 하청 근로를 포함하여, 조직 내의 조직에 의한 또는 조직을 대신해서 수행되는 근로와 관련된 모든 정책 및 관행을 포함한다. 노동 관행은 조직에 직접 고용된 피고용인 및 조직의 관계, 조직이 소유 또는 직접적인 통제권을 가지는 작업장에서 조직이 갖는 책임 그 이상을 의미한다. 근로자의 채용 및 승진, 징계 및 고충 처리 절차, 근로자의 전근 및 재배치, 고용의 만료, 훈련 및 기능 개발, 보건, 안전 및 산업 위생, 특정 근로 시간 및 보수 같은 근로조건에 영향을 미치는 정책 또는 관행을 포함한다. 또한 고용과 관련된 사회적 이슈를 다루기 위한 단체교섭, 사회적 대화 및 노사정 협의에 근로자 조직의 인정, 근로자 및 사용자 조직 양쪽의 의견 및 참여를 포함한다.

ILO의 1944년 필라델피아 선언의 근본원칙은 노동이 상품이 아니라는 점이다. 이는 근로자를 생산요소로 다루지 않는 것이 바람직하며, 상품에 적용되는 시장의 힘과 동일하게 취급되어서는 안된다는 의미이다. 근로자가 가지는 내재된 취약성 및 그들의 기본권 보호에 대한 필요성은 세계인권선언과 경제적·사회적 및 문화적 권리에 관한 국제규약(International Covenant on Economic, Social and Cultural Rights)에 나타나 있다. 이러한 원칙은 모든 사람이 자유롭게 선택한 근로를 통해 생계를 영위할 권리와 공정하고 우호적인 근로조건에 대한 권리를 포함한다.

4) 환경

조직은 어디에 위치해 있든, 조직의 의사결정 및 활동은 환경에 항상 영향을 미친다. 이러한 영향은 조직의 자원 이용, 조직의 활동이 이루어지는 장소, 오염 및 폐기물의 발생 그리고 자연 서식지에 대한 조직 활동의 영향과 관련될 수 있다. 조직의 환경에 대한 영향을 줄이기 위해, 조직은 조직의 의사결정 및 활동의 직접적·간접적인 경제적·사회적·보건적 및 환경적 영향을 고려하는 통합 접근방식을 채택해야 한다.

사회는 자연자원의 고갈, 오염, 기후변화, 서식지 파괴, 종의 손실, 전체 생태계의 붕괴, 도시 및 농촌인간 정착지(human settlement)의 악화를 포함한 많은 환경적 도전에 직면해 있다. 세계 인구가 늘어나고 소비가 증가함에 따라, 이러한 변화는 인간의 안전, 사회의 보건 및 행복에 대한 위협을 증가시키고 있다. 지속 가능하지 않은 생산과 소비의 양 및 방식을 줄이고 없애는 선택을 식별해야 하며, 일인당 자원 소비가 지속 가능하다는 것을 보장할 필요가 있다. 국지적·지역적 및 세계적 수준의 환경 사안은 상호 연결되어 있어 이러한 사안을 다루려면 포괄적·체계적 및 집단적 접근방식이 필요하다.

환경적 책임은 오염예방, 지속 가능한 자원 이용, 기후변화 완화 및 적응, 환경보호, 생물다양성 및 자연서식지 복원 등이 중요한 측면이다. 또한 환경 교육 및 역량 구축은 지속 가능한 사회 및 생활 방식의 발전을 촉진하는 데 근본적이다.

ISO 14000 시리즈 표준과 같은 기술적 도구는 조직이 체계적 방식으로 환경 이슈를 다루는 프레임워크로 사용될 수 있으며, 환경 성과 평가, 온실가스 배출량의 산정 및 보고, 전 과정평가, 환경을 고려한 디자인, 환경 라벨링 및 환경 의사소통을 할 때 고려할 수 있다.

5) 공정운영

공정운영 관행은 조직이 다른 조직을 다룰 때 윤리적 행동을 하는 것과 관련이 있다. 여기에는 조직 및 조직의 파트너, 공급자, 계약자, 고객, 경쟁자 및 조직이 속한 협회뿐만 아니라 조직 및 정부 기관 간의 관계도 포함한다.

공정 운영관행 이슈는 반부패, 공공 영역에서의 책임 있는 참여, 공정 경쟁, 사회적으로 책임 있는 행동, 다른 조직과의 관계 및 재산권 존중에서 발생한다. 사회적 책임의 영역에서 공정 운영관행은 조직이 긍정적인 결과를 촉진하기 위하여 다른 조직과의 관계를 이용하는 방법에 대해서 관심을 두는 것이다. 조직은 리더십을 발휘하고, 조직의 영향권 전체에 걸쳐 사회적 책임의 채택을 더욱 폭넓게 촉진함으로써 긍정적인 결과를 얻을 수 있다.

윤리적 행동은 조직 간의 정당하고 생산적인 관계를 수립하고 유지하는 데 근본이 된다. 그러므로 윤리적 행동 기준의 준수, 촉진 및 장려는 모든 공정 운영관행의 기초가 된다. 부패 예방 및 책임 있는 정치 참여의 실행은 법치 존중, 윤리적 기준 준수, 설명책임 및 투명성에 달려 있다. 조직이 상호 정직하고 공평하며 진실하게 거래하지 않는다면, 공정 경쟁 및 재산권 존중은 달성될 수 없다.

6) 소비자 이슈

소비자에게 제품 및 서비스를 제공하는 조직은 그 소비자 및 고객에 대한 책임이 있다. 소비자라는 용어는 조직의 의사 결정 및 활동의 산출물을 사용하는 개인 및 그룹을 말하며, 소비자가 제품 및 서비스에 대해서 반드시 돈을 지불한다는 것을 의미하지는 않는다.

조직의 책임은 교육 및 정확한 정보 제공, 공정하고 투명하며 도움이 되는 마케팅 정보 및 계약 프로세스의 이용, 지속가능소비 촉진, 모두에게 접근성을 제공하고, 적절한 경우, 취약 및 불리한 자의 요구에 맞춘 제품 및 서비스의 설계를 포함한다. 책임은 또한 설계, 제조, 유통, 정보 제공, 지원 서비스, 철회 및 리콜 절차를 통해 제품 및 서비스 이용으로 인한 리스크를 최소화하는 것을 포함한다. 많은 조직이 개인정보를 수집 또는 취급하고 있으므로 조직은 소비자의 정보 및 프라이버시 보안을 보호할 책임이 있다. 조직은 제공하는 제품 및 서비스와 함께 사용, 수리 및 폐기를 포함한 조직이 제공하는 정보를 통해 지속가능소비 및 지속가능발전에 기여할 중대한 기회를 가진다.

UN 소비자 보호 가이드라인은 소비자 이슈 및 지속가능소비에 관한 근본적인 정보를 제공하고 있다.

7) 지역사회 참여 및 개발

오늘날 조직은 조직이 운영되고 있는 지역사회와 관계가 있다는 것이 널리 받아들여지고 있다. 이런 관계는 지역사회 발전에 기여하도록 지역사회 참여에 토대를 두는 것이 좋다. 개인적 또는 공익을 제고하려고 노력하는 단체를 통한 지역사회 참여는 시민사회를 굳건히 하는 데 도움이 된다. 지역사회 및 지역사회 기관을 존중하는 방식으로 참여하는 조직은 민주적 및 시민적 가치를 반영하고 강화한다.

지역사회는 조직의 현장에 물리적으로 근접하거나 또는 조직의 영향 영역 내의 지리적 영역에 위치한 주거지 또는 기타 사회적 정착지를 의미한다. 조직의 영향을 받는 영역 및 지역사회 구성원은 이런 영향의 맥락과 특히, 그 규모 또는 성격에 의존할 것이다. 그러나 일반적으로, 또한 지역사회라는 용어는, 보기를 들면, 특정 이슈에 관심을 갖는 "가상" 지역사회처럼 특정한 공통 특성을 가진 사람의 그룹을 의미한다고 이해될 수 있다. 지역사회 참여 및 지역사회 발전은 둘 다 지속가능발전의 필수적인 부분이다.

지역사회 참여는 조직 활동의 영향에 대해 이해관계자를 식별하고 참여시키는 것 이상의 의미가 있다. 이것은 또한 지역사회를 지원하고 관계를 구축하는 일을 포함한다. 무엇보다도 이는 지역사회의 가치를 인정하는 것을 포함한다. 조직의 지역사회 참여는 조직이 그 지역사회와 공통의 이해관계를 갖는 지역사회의 이해관계자라는 인식에서 비롯되는 것이 좋다.

일반적으로 지역사회 발전은 지역사회 내 사회적 힘이 대중의 참여를 촉진하도록 노력하고 차별 없이 모든 시민의 동등한 권리 및 존엄한 생활 수준을 추구할 때 이루어진다. 이는 기존 관계를 고려하고 권리 향유에 대한 장벽을 극복하려는 지역사회의 내부 프로세스이다. 지역사회 발전은 사회적으로 책임 있는 행동에 의해 향상된다.

지역사회 발전에 기여하는 사회투자는 지역사회와 조직의 관계를 지속 및 향상시킬 수 있으며, 또한 조직의 핵심 운영 활동과 연계해도 되고 또는 하지 않아도 된다.

출처: ISO 26000(www.iso.org)

3. ESG와 SDGs(지속가능발전목표)

ESG와 혼동되는 또 하나의 개념으로 SDGs(지속가능발전목표)가 있다. ESG와 SDGs 사이에 밀접한 관계가 있는 것은 사실이지만, 이 둘의 의미는 조금 다르다. SDGs는 "지속 가능한 발전목표"로 번역되는 Sustainable Development Goals의 약어이다. SDGs는 2015년 9월 유엔 정상회의에서 더 좋고 지속 가능한 세상을 위한 17가지 목표로 채택되었다.

SDGs와 ESG는 모두 환경에 대한 고려와 사회적 규범 강화의 특성을 공통적으로 가지고 있지만, 이니셔티브의 주체에 대해서는 생각해 볼 여지가 있다. 즉 SDGs는 국가와 정부를 포함한 모든 조직과 개인이 '인류'로서 노력해야 하는 것으로 간주되지만, ESG는 투자자가 평가하려는 기업의 노력을 의미한다. 따라서 ESG는 SDGs의 실현을 위해 인류가 노력하고 있는 전반적인 활동의 한 측면으로 간주될 수 있다. UN-SDGs(지속가능발전목표)는 조직의

ESG 활동의 근간이 된다.

[표 2] UN-SDGs(지속가능발전목표)

1. 빈곤퇴치 - 모든 곳에서 모든 형태의 빈곤 종식
2. 기아 종식 - 기아 종식, 식량 안보와 개선된 영양상태의 달성, 지속 가능한 농업 강화
3. 건강과 웰빙 - 모든 연령층을 위한 건강한 삶 보장과 복지 증진
4. 양질의 교육 - 모두를 위한 포용적이고 공평한 양질의 교육 보장 및 평생학습 기회 증진
5. 성평등 - 성평등 달성과 모든 여성 및 여아의 권익신장
6. 물과 위생 - 모두를 위한 물과 위생의 이용 가능성과 지속 가능한 관리 보장
7. 깨끗한 에너지 - 적정한 가격에 신뢰할 수 있고 지속 가능한 현대적인 에너지에 대한 접근 보장
8. 양질의 일자리와 경제성장 - 포용적이고 지속 가능한 경제성장, 완전하고 생산적인 고용과 모두를 위한 양질의 일자리 증진
9. 산업, 혁신과 사회기반시설 - 회복력 있는 사회기반시설 구축, 포용적이고 지속 가능한 산업화 증진과 혁신 도모
10. 불평등 완화 - 국내 및 국가 간 불평등 감소
11. 지속 가능한 도시와 공동체 - 포용적이고 안전하며 회복력 있고 지속 가능한 도시와 주거지 조성
12. 책임감 있는 소비와 생산 - 지속 가능한 소비와 생산 양식의 보장
13. 기후변화 대응 - 기후변화와 그로 인한 영향에 맞서기 위한 긴급 대응
14. 해양 생태계 - 지속가능발전을 위한 대양, 바다, 해양자원의 보전과 지속가능한 이용
15. 육상 생태계 - 육상 생태계의 지속 가능한 보호·복원·증진, 숲의 지속 가능한 관리, 사막화 방지, 토지 황폐화의 중지와 회복, 생물다양성 손실 중단
16. 평화, 정의와 제도 - 지속가능발전을 위한 평화롭고 포용적인 사회 증진, 모두에게 정의를 보장, 모든 수준에서 효과적이며 책임감 있고 포용적인 제도 구축
17. SDGs를 위한 파트너십 - 이행수단 강화와 지속가능발전을 위한 글로벌 파트너십의 활성화

출처: 국제연합 홈페이지(https://sdgs.un.org/goals)

4. ESG와 TCFD
(기후관련 재무공시에 대한 태스크포스)

기후변화에 대한 기업 활동의 정보공개에 대해서는 복수의 프레임워크가 존재한다. GRI(Global Reporting Initiative, 2000년), CDP(Disclosure Insight Action, 2002년), IIRC(International Integrated Reporting Council, 2013년), 그리고 2017년에 발표된 TCFD(Task force on Climate-related Financial Disclosure)가 대표적인 것이다. 기후변화에 관한 각각의 공개 프레임워크의 특징은 다음 [표 3]과 같다.

[표 3] 기후변화 관한 공개 프레임워크 특징

구분	제정연도 목적	기후변화정보	공개방법	제3자 활용방법	기업의 활용방법
GRI	-2000년 6월 -경제·환경·사회에 주는 영향을 조직이 보고하도록 하기 위해	-원재료·에너지·물·생물다양성, 배출량, 폐수·폐기물·환경 컴플라이언스·서플라이어 환경	-독립적인 지속가능성 보고서로 작성하거나 다양한 매체와 양식에 의한 공개 정보의 참조를 상정한 보고서로서 작성도 가능	-멀티스테이크홀더 -기업의 지속가능성 활동을 포괄적으로 인식	-이해관계자와 커뮤니케이션 해야 할 서스테이너빌리티 정보의 정리에 활용
CDP	-2002년 -사업·투자·정책 판단에 있어서 필요한 정보를 제공하기 위해	-기후변화 관리 -리스크와 기회 -배출량	-CDP가 세계 상장 상위 기업에 대해 표준화된 질문서를 보내고, 기업이 답변하고 평가 결과가 CDP 데이터	-투자자 -의사 결정 및 위험 관리, 기회의 극대화에 연결	-프레임워크의 활용에 의해 기후 관련 활동의 리스크·기회의 인식

구분	제정연도 목적	기후변화정보	공개방법	제3자 활용방법	기업의 활용방법
			베이스에 공개		
IIRC	-2013년 12월 목적: 재무자본 제공자에 대하 여조직이 장기 적인 가치 창조 를설명하기 위 해	외부 환경을 이해하기 위해 다음의 정보 -기후 변화와 관련된 일반적 인 문제 -생태계 손실 -자원 부족	-독립된 통합 보고서 또는 기타 보고서 중에서 독립 적이고 식별 가능한 형식 으로 개시	-투자자 -지적 자산, 브랜드, 환경 자원의 활용 등 무형의 요 소를 투자 판 단에 통합	-통합 사고에 기초한 기업 가치 향상의 스토리를 정리
TCFD	-2017년 6월 -기업이 일관된 기후관련 리스 크와 기회의 재무적 영향을 정보 공개하기 위해	-거버넌스 -전략 -위험 관리 -지표와 목표	-기업은 기후 관련 재무 정보를 일반 적인 연차 재무 보고서 등에서 공개	-투자자 -금융 시장에 서 의사 결정 에 도움이 되 는 기후관련 정보로 이용	-정성 분석뿐만 아니라 시나리 오 분석을 이 용해 정량 분 석을 하고 기 후 관련 리스 크와 기회의 재무적 영향을 파악

출처: Deloitte Tohmatsu Consulting LLC., 2018

2015년 파리 협약에 대한 합의로 기후변화를 둘러싼 상황이 크게 바뀌었다. ESG 투자의 확대와 함께 ESG 요소에 대한 기업 정보 공개를 원하는 투자자 및 다양한 주체들의 글로벌 요구가 확산되었다. G20의 영향으로 금융안정위원회(FSB)가 설립한 기후관련 금융공시 태스크포스(TCFD)는 기후변화에 대한 기업의 이니셔티브와 관련된 정보를 공개하기 위한 국제규칙을 제정했다.

2017년 금융안정위원회(FSB)는 기후변화의 영향에 대한 명확하고 포괄적이며 고품질의 정보에 대한 평가를 지원하기 위해 기업이 공개해야 하는 정보 유형에 대한 권장 사항을 개발했다. ESG 경영을 하는 기업이 투자자에게 공개할 정보에 대한 가이던스이다. 기온 상승, 기후 관련 정책 및 변화하는 세계의 신흥 기술로 인한 위험과 기회는 공개되어 투자자, 대출 기관 및 보험업자가 기후변화와 관련된 위험인 특정 위험군을 적절하게 평가하고 가격을 책정할 수 있도록 지원하기 위한 것이다.

유엔환경계획(UNEP)은 21세기 말 지구 평균기온은 산업화 이전 대비 3.4도 상승할 것이라고 전망했고, 지구의 평균기온이 지금보다 4도 상승하면 80년에 걸쳐 23조 달러에 달하는 경제손실이 발생한다고 분석됐다. 이는 지난 2008년 글로벌 금융위기의 영향보다 3~4배 큰 경제적 손실이다. 보험사의 경우도 대형산불이나 허리케인 등 자연재해로 인한 보험금 청구는 매년 급증하고 있다. 기후변화는 세계 경제에 재정적 위험을 초래할 수 있다. 한 보도에 따르면 가뭄이나 홍수, 허리케인으로 인해 사회 제반시설이 무너지고 상품가격이 출렁이는 등 기후가 실물경제에 미치는 영향이 날로 커지고 있다는 지적이다.

금융 시장의 필수 기능 중 하나는 정보에 입각한 효율적인 자본배분 결정을 지원하기 위해 위험을 평가하는 것이고, 이 기능을 수행하기 위해 금융 시장은 기업으로부터 정확하고 시의적절한 정보공개를 필요로 한다. 올바른 정보가 없으면 투자자와 다른 사람들이 자산의 가치를 잘못 책정할 수 있고 이로 인해 자본이 잘못 배분될 수 있기 때문이다.

금융안정위원회(FSB)는 글로벌 금융위기 이후 G20 체제하에서 추진된 금융규제 개혁 작업의 통합을 담당하는 회의체로 2009년 4월 G20 정상회의에서 기존 G7 위주의 FSF(금융안정포럼)를 FSB로 확대, 개편한 것이다. TCFD에는 95개국에서 3,400여 개의 기관이 가입했고 우리나라는 환경부, 거래소, 은행, 산업계 등 100여 개

기관이 참여하고 있다.

TCFD의 권고사항은 지배구조(Governance), 전략(Strategy), 위험관리(Risk Management) 및 지표와 감축목표(Metrics and Targets) 등 4가지 주제의 영역으로 구성되어 있다. 4가지 주제는 상호 관련되어 있으며 11가지 공개 권장 사항에 의해 지원되고 있다.

지배구조(Governance) 파트에서는 기후변화와 관련된 위험과 기회에 대한 조직의 지배구조를 공개하도록 하고 있다.

기후변화와 관련된 위험 및 기회에 대한 이사회의 감독을 설명하고, 기후변화와 관련된 위험 및 기회를 평가하고 관리하는 경영진의 역할을 설명하도록 요구한다.

전략(Strategy) 파트에서는 기후변화와 관련된 위험 및 기회가 조직의 비즈니스, 전략 및 재무 계획에 미치는 실제 및 잠재적 영향을 공개하도록 하고 있다.

조직이 단기, 중기 및 장기간에 걸쳐 확인한 기후변화 관련 위험과 기회를 설명하고, 기후변화와 관련된 위험 및 기회가 조직의 비즈니스, 전략 및 재무 계획에 미치는 영향 및 2℃ 이하 시나리오를 포함한 다양한 기후변화 관련 시나리오를 고려하여 조직 전략의 회복탄력성을 설명하도록 요구한다.

위험관리(Risk Management) 파트에서는 조직이 기후변화와 관련된 위험을 식별, 평가 및 관리하는 방법을 공개하도록 하고 있다.

기후변화와 관련된 위험을 식별하고 평가하기 위한 조직의 프로세스를 설명하고, 기후변화와 관련된 위험을 관리하기 위한 조직의 프로세스 및 기후변화와 관련된 위험을 식별, 평가 및 관리하는 프로세스가 조직의 전반적인 위험 관리에 어떻게 통합되는지 설명하도록 요구한다.

지표와 감축목표(Metrics and Targets) 파트에서는 해당 정보가 중요한 곳의 기후변화와 관련 위험과 기회를 평가하고 관리하는 데 사용되는 지표 및 목표를 공개하도록 하고 있다.

조직이 전략 및 위험 관리 프로세스에 따라 기후변화와 관련된 위험 및 기회를 평가하고 관리하는 데 사용되는 지표와 목표를 공개하고, Scope 1, Scope 2 및 해당되는 경우, Scope 3 온실가스(GHG) 배출 및 관련 위험을 공개하도록 요구한다. 또 기후변화와 관련된 위험과 기회를 관리하기 위해 조직에서 사용하는 목표 및 목표 대비 성과를 설명하도록 요구한다.

자세한 내용은 홈페이지를 참조하기 바란다(https://www.fsb-tcfd.org).

5. 지속 가능한 사회를 위한 ESG 경영의 실행

앞에서 ESG와 관련된 다양한 이니셔티브들을 살펴보았으나, ESG에 대한 표준 정의는 없었다. 분명한 것은 투자자 및 대출기관, 보험사의 의사 결정을 돕기 위해 기업은 ESG 경영을 실천하고 관련 정보를 공개해야 한다는 것이다.

ESG 평가는 각 평가기관에 의해 판단되고 평가지표는 기관마다 조금씩 차이가 있다. ESG 평가방식에 한계가 있다는 지적이 나오면서 ESG 기준에 대한 반발도 적지 않다. PRI에서 지속가능성 이슈로 제시하고 있는 환경, 사회, 지배구조의 각 항목을 정리해 보면

[표 4]와 같이 나타낼 수 있다.

[표 4] PRI 지속가능성 이슈들

환경	사회	지배구조
지속 가능한 토지 이용	작업 조건의 최적화	조세공정성
플라스틱	기회균등 준수	책임 있는 정치 참여
물과 에너지의 효율적인 사용	인권 보호	사이버 보안
파쇄(fracking)	직원 다양성 증진	임원급여
메탄	안전하고 위생적인 작업장 환경 조성	반부패
생물 다양성	아동 노동과 노예제도에 대한 반대	내부고발자
산업 폐기물 및 오염 제거	지역사회 참여	이사지명
삼림 벌채 억제	근로자 관계	기업 윤리 준수
온실가스 배출 감축	분쟁광물 사용 금지	임원 보수의 적절한 지불
생물 다양성에 대한 존중		이사회의 다양성과 구성

이러한 이슈들을 바탕으로 기업은 ESG 경영을 선언하고 각자 지속가능성 보고서를 작성·보고하고 있다. ESG 경영 비전을 발표하고 UNGC(유엔글로벌콤팩트)에 가입하고 유엔환경계획 금융이니셔티브(UNEP FI) 가입과 함께 유엔 책임투자원칙(UN PRB) 서명기관으로 참여하고 동시에 탄소회계금융협의체(PCAF), 과학기반 감축목표 이니셔티브(SBTi) 등에도 가입한다.

에너지 사용량을 분석해 탄소 발생 감축을 위한 노력을 전개하고 사회적 메시지를 내거나 친환경 활동을 촉구하는 것을 넘어 재생에너지 사용을 늘리는 등 경영활동에도 변화가 일고 있다. 국제구리 협회는 구리산업의 ESG 인증제도 '카퍼 마크(Copper Mark)'를 도입했다. 광석 채굴·생산·판매 등 전 과정에서 환경과 인권을 보호하고, 지역 상생, 윤리 경영 등의 기준을 준수한 기업에 수여한다. 자산운용회사에서는 ESG(환경·사회·지배구조) 측면에서 좋은 평가를 받는 기업을 선별해 투자하는 상품을 개발했다. ESG 전담팀을 신설하고 탄소중립 달성을 위한 기후금융지지 선언, UN 글로벌 콤팩트 반부패 선언에 동참하는 등 다수 ESG 활동에도 참여하고 있다.

벤처캐피털(VC)들도 투자과정에 ESG 기준을 도입했다. 투자과정에서 스타트업의 ESG를 고려하는 것이 VC의 수익성 제고에도 도움이 될 것으로 보고 투자의사 결정과정에서 기업의 환경성과를 고려하거나 사회적 책임을 촉구하고 바람직한 지배구조 방향을 고려한다. 평가모형은 글로벌 지속가능개발목표(UN SDGs)를 준용해 자체 개발했다.

금융위원회는 지난해 기업의 공시부담 감소 및 투자자 보호 강화를 위한 '기업공시제도 종합개선안'을 발표하면서 "지속가능경영보고서 공시 활성화" 방안으로 'ESG 정보공개 가이던스 제정 추진'을 밝힌 바 있고, 한국거래소는 'ESG 정보공개 가이던스'를 제정하여 발표했다.

한국거래소의 ESG 가이던스는 ESG 정보공개원칙으로 6가지 원칙, 즉 정확성, 명확성, 비교가능성, 균형, 검증가능성, 적시성을 요구하고, 각 기업은 잠재적인 ESG 이슈 중에서 그 정보의 중요성을 고려하여 공개할 범위와 내용을 결정할 수 있는데 중요성 평가를 위하여 글로벌 공개 표준을 활용할 수 있으며, 주요 이해관계자의 의견 수렴 등을 통해 조직의 중요 이슈를 파악하게 된다. 기업이 ESG 정보를 공개하는 경우 그 성과를 공개하기 위해 다양한 지표를 활용할 수 있고 이 경우 일반적으로 널리 사용되는 표준/이니셔티브가 제시하는 지표를 활용하도록 하고 있다.

OECD는 ESG 범위가 광범위하여 평가대상 범주화에 애로가 있어 일관성 없는 평가범주에 대한 우려를 나타냈다.

지속 가능한 사회를 위한 ESG 경영을 하기 위해 기업은 사회적 책임에 대한 지침인 ISO 26000을 기반으로 UN-SDGs 지속가능개발목표를 달성하기 위한 경영활동을 해야 하고 그 활동들은 TCFD 권고 사항을 참조하여 정보를 공개해야 한다.

이 글에서는 우리 기업이 ESG 경영을 실행하는 데 있어 국제표준의 활용을 제안한다. ESG 실행을 위한 최소한의 참 국제표준을 [표 5]와 같이 도출했다.

[표 5] ESG 관련 주요 국제표준

E(환경)	S(사회)	G(지배구조)
ISO 14001(환경경영)	ISO 9001(품질경영)	ISO 37000(조직의 거버넌스)
ISO 14064 시리즈(온실가스)	ISO 45001(안전보건경영)	ISO 37001(부패방지경영)
ISO 14090 시리즈(기후변화)	ISO 27001(정보보호경영)	ISO 31000(리스크관리)
ISO 50001 에너지경영	기타 경영시스템 표준	ISO 22301(비즈니스연속성)
ISO 26000 사회적 책임		

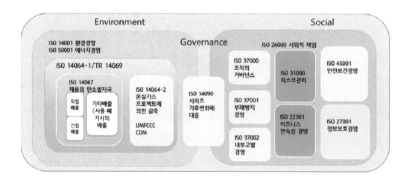

1) 환경

환경 파트에서는 자사의 활동이 환경에 미치는 영향을 파악하고 기후변화와 관련된 리스크를 식별해 관리할 수 있는 능력이 중요하다. 대기나 물의 오염을 최소화할 수 있도록 폐기물을 관리하고 유해 화학물질의 사용이나 소음, 악취, 광공해, 전자기 방출 등 모든 종류의 오염을 예방하여야 한다. 에너지 사용과 비용을 관리하고 줄이기 위해 노력해야 한다.

환경경영의 기본이 되는 ISO 14001 환경경영시스템 구축은 환경영향을 최소화하고 지속 가능한 발전을 위해 모든 과정에서 환경 친화적 업무 수행이 이루어지도록 돕는다. 특정 폐기물, 물, 에너지, 재활용 정책을 준수하는 환경정책에 대한 방침 수립과 함께 환경인허가 등 법률 준수를 바탕으로 해당되는 경우 유해물질의 관리와 수자원 오염을 방지하기 위한 폐수 관리가 필수이다.

ISO 14064 시리즈는 온실가스 배출에 대한 모니터링, 보고 및 검증의 품질과 일관성을 보장한다. ISO 14064-1은 온실가스(GHG) 배출 및 제거의 정량화 및 보고를 위한 조직 수준의 원칙과 요구사항을 규정하고 있다. ISO 14064-2는 온실가스 배출량 감축 또는 제거 개선의 양을 정량화하는 데 사용되는 반면, ISO 14064-3은 14064-2 및 기타 프로젝트 수준의 온실 가스 정량화를 사용하여 개발된 보고서를 확인하는 역할을 한다. 새로운 ISO 14064-3은 제품 수준의 탄소발자국 보고서에 적용되도록 확장되었다.

에너지를 관리하기 위해서는 ISO 50001 에너지경영시스템 표준을 활용하면 된다. 에너지 성과 개선을 통해 환경 및 탄소 감축 목표를 달성하는 데 도움을 준다. 에너지 사용량을 특정하고 모니터링하는 데에 필요한 구조적인 접근방식을 통해 적은 에너지로 더 큰 효과를 얻을 수 있다. ISO 50001은 성과 개선, 에너지 비용 절감, 탄소 배출량 감소를 동시에 달성할 수 있는 기반을 제공, 에너지의 사용량 및 생산유형별 에너지 사용을 관리하고 감축목표를 수립하는 데 도움이 된다. 에너지 감축을 위해서 감축 프로그램을 실행하고 정기적으로 평가, 성과관리를 하도록 하고 있다.

조직이 기후변화에 대응하기 위해 기상 변화와 그 영향을 예측하고 적응 조치와 함께 이를 조직의 운영 및 관리 전략에 통합하기 위해서는 비전과 프레임워크가 필요하다. 2019년에 제정된 ISO 14090은 기후변화에 적응하기 위한 원칙, 요구 사항 및 지침으로 조직 내 또는 조직 전반에 걸친 적응의 통합, 영향 및 불확실성에 대한 이해 및 이들이 의사 결정에 어떻게 사용될 수 있는지 등이 포함된다. 기후변화에 대한 취약성, 영향 및 위험 평가에 대한 보완 표준 ISO 14091:2021과 지방 정부 및 지역사회를 위한 적응계획에 대한 요구 사항 및 지침인 ISO/TS 14092:2020도 개발되었다. ISO (국제표준화기구)는 기후변화에 관한 투자와 재무활동의 평가·보고를 위한 틀과 원칙을 규정하는 ISO 14097을 작성 중이다. 모든 표준은 UN의 지속가능한 개발 목표(SDGs)를 지원한다.

[표 6]은 환경 파트에서 실행해야 할 세부내용과 관련 표준을 나타내었다.

[표 6] 환경 파트의 실행내용과 관련 표준

분야	구성요소	세부내용	관련 표준
E(환경)	E-1 사업장환경	1-1 환경허가 및 보고	ISO 14001
		1-2 유해물질	

분야	구성요소	세부내용	관련 표준
		1-3 물 관리	
		1-4 대기오염	
		1-5 폐기물 처리	
	E-2 온실가스	2-1 온실가스 관리	ISO 14064
		2-2 온실가스 배출량 관리	
		2-3 온실가스 감축 프로그램	
		2-4 공개보고	
		2-5 기후변화 대응	ISO 14090
	E-3 에너지	3-1 에너지 관리	ISO 50001
		3-2 에너지 사용량 관리	
		3-3 에너지 감축 프로그램	
		3-4 에너지 사용량 신고	

2) 사회(Social)

사회 파트에서는 안전보건, 리스크 관리, 지속가능 소비, 고객의 정보보호, 공정경쟁, SCM, 사회적 책임 등이 포함된다. 분쟁광물의 사용금지와 노동·인권 문제와 지역사회 참여 활동도 포함된다.

사업장의 안전보건을 위해서는 ISO 45001 안전보건경영시스템 구축이 도움이 된다. 작업자 안전을 위한 실용적인 솔루션을 제공하는 산업 보건 및 안전 관리 경영시스템의 국제 표준이다. 조직은 직원뿐 아니라 조직의 통제를 받는 모든 사람들의 건강과 안전을 책임져야 한다. 이 표준은 전 세계 모든 공급망, 모든 산업 및 이들 공급망에 제품을 공급하는 모든 국가의 계약자 및 하도급업자가 사용할 수 있는 근로자 안전 표준 및 검사의 글로벌 기반을 구축하는 데 도움이 된다. 안전 규정을 준수하고 있음을 법적으로 증명할 수 있고, 직원들의 건강과 안전에 대한 조직의 지속적인 노력을 보여줄 수 있다. 장비 또는 설비 현장의 사고 또는 손상 횟수를 줄일

수 있다.

고객정보보호에 대해서는 ISO 27001 정보보호경영시스템 표준을 활용할 수 있다. 위험 요소를 식별하고 이를 관리 또는 제거하는 제어 장치 역할을 한다. 이해관계자와 고객의 데이터를 보호함으로써 신뢰를 강화하고 컴플라이언스를 증명한다.

분쟁광물은 콩고민주공화국과 그 주변국에서 채굴되는 4대 광물(주석, 탄탈럼, 텅스텐, 금)을 의미하는데, 그 대상국은 콩고민주공화국을 포함해 수단, 르완다, 브룬디, 우간다, 콩고, 잠비아, 앙골라, 탄자니아, 중앙아프리카 등 10개국이 된다. 이들 지역은 반군, 정부군 등 무장세력이 광물의 채굴과 유통을 장악하고 있어 이를 통해 자금을 확보하고 분쟁을 지속하는 것으로 파악되고 있다. 인명 피해뿐만 아니라 광물채취 과정에서 지역 주민의 인권침해와 노동력 착취 등의 인권문제를 초래하고 있으며, 환경오염 등의 사회적 문제도 야기하고 있다.

2010년 7월 분쟁광물 규제 조항이 포함된 "도드-프랭크 금융규제개혁법(Dodd-Frank Wall Street Reform and Consumer Protection Act)"이 미국 의회를 통과함에 따라 분쟁광물 사용을 법적으로 제재할 수 있는 초석이 마련되었다. 2014년부터 매년 5월 31일까지 분쟁광물 사용 여부를 SEC(미증권거래위원회)에 의무적으로 보고해야 하며, 미국 주식시장에 상장한 기업에 분쟁광물의 사용실태 보고와 정보공개를 요구하게 되었다. 이로 인해 미국 상장사는 물론 상장사에 제품을 납품하는 국내 기업도 이 규제에 영향을 받게 되었다.

노동 인권문제는 법치, 사회정의 및 공정성 개념의 핵심으로 간주되고 사회의 가장 핵심적인 사법제도의 기본 토대가 된다. 연소자 보호, 근로시간 준수, 임금, 복지, 차별금지, 결사의 자유 등이 포함된다. 노동인권에 대해서는 관련 법률 준수가 중요하다. 유엔 글로벌 콤팩트 10대 원칙의 인권과 노동 파트를 참고하기 바란다.

지역사회 참여는 조직의 지역사회에 대한 능동적인 지원 활동이다. 조직은 지역사회와 별개가 아니라 그 일부이며 지역사회 및 경제 발전의 토대가 된다. 지역사회 정체성의 일부인 문화의 보존 및 촉진, 그리고 인권 존중과 병행하는 교육 촉진은 사회 화합 및 발전에 긍정적인 영향을 미친다. 고용의 창출은 지역사회의 빈곤감소 및 경제·사회 발전에 기여하게 한다. 조직의 핵심활동을 통한 지역사회 발전에 대한 기여는 조직과 지역사회에 윈윈을 가져온다. [표 7]은 사회 파트에서의 실행해야 할 세부내용과 관련 표준을 나타내었다.

[표 7] 사회 파트의 실행내용과 관련 표준

분야	구성요소	세부내용	관련 표준
S(사회)	S-4 사업장안전보건	4-1 산업안전	ISO 45001
		4-2 산업재해 및 질병	
		4-3 위생, 식품 및 주거	
		4-4 방재/안전보건문화	
	S-5 정보보호	5-1 정보보호	ISO 27001
		5-2 지적재산권 보호	
		5-3 개인정보 보호	
	S-6 분쟁광물	6-1 분쟁광물 사용금지	도드-프랭크 금융규제개혁법안
		6-2 공급망 규제물질 관리	
		6-3 책임물자 관리	
	S-7 노동인권	7-1 노사관계	ISO 26000 유엔글로벌
		7-2 복리후생	

분야	구성요소	세부내용	관련 표준
		7-3 다양성 인정	콤팩트
		7-4 교육훈련	
	S-8 지역사회 참여	8-1 지역사회 참여 의지	ISO 26000
		8-2 교육 및 문화	
		8-3 고용 창출	
		8-4 소득 창출	

3) 지배구조

지배구조에서는 이사회의 독립성이나 기업의 윤리경영 및 부패 방지, 리스크 관리 및 비즈니스 연속성 등을 다루고 있다. 조직의 거버넌스 구조 및 그 구성에 대한 투명성은 관련기관 또는 개인의 책임을 보장하기 위해 중요하다. 이사회 구성의 다양성, 독립성도 중요하지만, 조직의 목적, 가치 또는 미션, 전략, 정책, 목표 등을 개발, 승인, 개선하는 데 어떤 역할을 하는지가 중요하다. 조직이 사회, 경제 및 환경에 미치는 영향에 대해 설명책임을 가지며, 조직의 의사결정 및 활동에 대해 투명하게 행동해야 한다. 정직성·평등성·성실성의 가치를 기반으로 조직의 활동 및 의사 결정의 영향을 다루겠다는 윤리경영의 의지표명도 필요하다. 이해관계자의 이해관계를 존중하고 법치 존중이 의무적이라는 것을 받아들여야 한다. 인권을 존중하고 인권의 중요성 및 보편성을 인식해야 한다.

2021년에 제정된 ISO 37000은 조직의 거버넌스에 대한 지침을 제공한다. 그들이 통치하는 조직이 그들의 목적을 달성할 수 있도록 통치기관과 통치그룹이 책임을 이행하는 방법에 대해 관행의 원칙과 핵심을 제공한다. 또한 조직 및 조직의 거버넌스에 포함되거나 영향을 받는 이해관계자를 포함했다. 훌륭한 거버넌스는 신뢰를

쌓을 뿐만 아니라 비즈니스 성과를 향상시키고 사회 및 환경적 무결성에 기여한다. ISO 37000은 조직과 그 관리 기관에 잘 통치하는 데 필요한 도구를 제공하여 윤리적이고 책임감 있게 행동하면서 효과적으로 수행할 수 있도록 지원한다.

부패방지 경영을 위해서는 ISO 37001 부패방지경영시스템 표준을 활용할 수 있다. 2016년에 제정된 ISO 37001 부패방지시스템 표준은 사기, 카르텔 및 기타 반독점/경쟁 범죄, 돈세탁 또는 부패 관행과 관련된 기타 활동을 구체적으로 다루지는 않지만, 조직은 그러한 활동을 포함하도록 관리시스템의 범위를 확장하도록 선택할 수 있다. 부패(뇌물)는 적용 가능한 법률을 위반하여 특정 인원의 직무성과와 관련된 행동을 수행 또는 제약하도록 유도하거나 대가를 제공함으로써 직접 또는 간접적으로 지역에 관계없이 어떤 가치(재무적 또는 비재무적이 될 수 있음)에 대하여 이익을 제안, 약속, 제공, 수락 또는 요청하는 것을 말한다. 부패방지경영시스템의 구축은 부패 통제 절차를 통하여 청탁금지, 내부고발자의 보호 등을 커버할 수 있다.

ISO 37002:2021은 부정행위에 대한 보고, 부정행위에 대한 신고 평가, 부정행위에 대한 신고처리, 내부고발사건 결론 등 네 단계에서 신뢰, 공정성 및 보호의 원칙에 따라 효과적인 내부고발관리시스템을 수립, 구현 및 유지 관리하기 위한 지침을 제공한다.

적극적인 운영의 효율성과 지배 구조를 개선하기 위해서는 ISO 31000 리스크관리시스템을 활용할 수 있다. 리스크 관리는 거버넌스와 리더십의 일부이며 조직이 모든 계층에서 어떻게 관리되는가에 대한 기본이 된다. 리스크 관리는 경영시스템의 개선에 기여한다.

공정경쟁을 위해서는 시장지배적 지위를 남용하거나 거래에서 법규위반을 할 수 없도록 관리가 필요하다. 반경쟁적 행위는 조직의 이해관계자와 함께 조직의 명성에 해를 끼치며, 법적 문제를 일으킬 수 있다. 반경쟁적 행위에는 가격조작, 입찰담합 및 시장에서 경쟁자를 퇴출시키고 경쟁자에게 불공정한 제재를 줄 의도로 매우 낮은 가격으로 제품 또는 서비스를 판매하는 약탈적 가격 책정이 그 보기가 된다.

비즈니스 연속성 경영에 대해서는 2012년에 제정되고 2019년 개정된 ISO 22301을 참조하면 된다. 조직이 심각한 운영 중단 사태를 예방하고, 해당 사태가 발생했을 때 신속하게 회복할 수 있는 능력을 확보하기 위해 마련하는 상세한 전략과 일련의 시스템을 구축할 수 있다. 조직은 중단 중에 사전 정의된 역량으로 제품 및 서비스를 계속 제공할 수 있어야 한다. 재해의 예로는 화재, 지진 또는 기타 자연재해, 전염병 발병, 사이버 공격, '정상적인 비즈니스 운영'을 어렵게 만드는 다양한 상황 등이 있다. 기업은 위험을 없앨 수는 없지만 관리할 수는 있다. 대규모 재해 상황에서 비즈니스 연속성 경영의 부재는 돌이킬 수 없는 재무적 손해로 이어질 수 있고 이는 영구적인 폐업으로 이어질 수도 있다.

[표 8]은 지배구조 파트에서 실행해야 할 세부내용과 관련 표준을 나타내었다.

[표 8] 지배구조 파트의 실행내용과 관련 표준

분야	구성요소	세부내용	관련 표준
G(지배구조)	G-9 거버넌스	9-1 구조(독립성, 다양성)	ISO 37000
		9-2 재무성과	
		9-3 기후변화 대응	ISO 14090
	G-10 부패방지	10-1 부패방지	ISO 37001
		10-2 공정경쟁	
		10-3 내부고발	ISO 37002
	G-11 비즈니스 연속성	11-1 리스크관리	ISO 31000
		11-2 BCP	ISO 22301

6. 마치면서

1970년대 이후 촉발된 지속가능금융 개념의 진화과정에서 **ESG** 개념이 부각되었고 2005년 책임 있는 투자 원칙(Principles for Responsible Investment, PRI)은 투자자들의 의사결정과정을 변화시켰다. 지속가능금융이란 환경, 사회 및 거버넌스(ESG) 관련 사항을 투자 및 대출 의사 결정에 통합시키는 모든 형태의 금융 서비스를 말한다. 지난 몇 년 동안 전 세계적으로 높아진 환경 및 사회 문제에 대한 대중의 인식이 높아지면서 기업 및 정책 입안자들에게 조치를 취하라는 요구가 증가했고 투자자들의 주목도도 높아졌다. 자산운용사들은 기업 경영진에게 점점 더 많은 ESG 성과에 책임을 지도록 만들고 있다.

최근의 경제위기로 인해 ESG에 대한 투자자의 인식이 달라지고 있다는 보도도 있었고, ESG 성과를 부풀리거나 허위로 홍보하는 '그린워싱(실제로는 친환경적이지 않지만 마치 친환경적인 것처럼 홍보하는 환경주의)'이 늘어나면서 ESG의 신뢰도도 떨어지고 있다고 한다. 그러나 파리협정의 성립과 UN의 지속 가능한 개발목표(SDGs)의 채택에 따른 환경(Environment), 사회(Social), 거버넌스(Governance)를 고려한 국제적 자금의 흐름은 계속되고 있고 기업은 투자자들의 평가를 받고 있다.

ESG 정보에 대한 평가지표는 투자자마다 조금씩 차이가 있다고 하지만, ESG의 실행 및 이에 대한 검증은 객관적으로 증명되어야 한다. 투자자들의 좋은 평가뿐만 아니라 우리 사회의 지속 가능한 개발을 위해서는 UN의 지속 가능한 개발 목표를 지원하고 그 하나의 방법으로 기업의 ESG 경영이 요구되는 것이다. 그 실행 방법으로 이 글에서는 관련 국제표준의 실행 및 유지, 개선을 제안하였다. 특히 경영시스템에 대한 제3자 인증은 기업 활동의 객관적인 검증을 제공하는 중요한 지표가 될 것이다.

이러한 투자환경의 변화에 대응하여 우리 기업이 국제표준의 적용으로 올바른 ESG 경영을 실천하고 성과를 내기를 기대한다.

참고문헌

정태진 외, 기업의 사회적 책임 ISO 26000으로 실행하라, 한울, 2016.

ISO 26000:2010 Guidance on social responsibility(2021 확인).

ISO 14001:2015 Environmental management systems-Requirements with guidance for use (2021 확인).

ISO 14064-1:2018 Greenhouse gases-Part 1: Specification with guidance at the organization level for quantification and reporting of greenhouse gas emissions and removals.

ISO 14064-2:2019 Greenhouse gases-Part 2: Specification with guidance at the project level for quantification, monitoring and reporting of greenhouse gas emission reductions or removal enhancements.

ISO 14064-3:2019 Greenhouse gases-Part 3: Specification with guidance for the verification and validation of greenhouse gas statements.

ISO 14090:2019 Adaptation to climate change-Principles, requirements and guidelines.

ISO 14091:2021 Adaptation to climate change-Guidelines on vulnerability, impacts and risk assessment.

ISO/TS 14092:2020 Adaptation to climate change -Requirements and guidance on adaptation planning for local governments and communities.

ISO 50001:2018 Energy management systems-Requirements with guidance for use.

ISO 45001:2018 Occupational health and safety management systems-Requirements with guidance for use(2022 확인).

ISO/IEC 27001:2013 Information technology-Security techniques-Information security management systems-Requirements.

ISO/IEC FDIS 27001 Information security, cybersecurity and privacy protection-Information security management systems-Requirements(개발 중).

ISO 37000:2021 Governance of organizations-Guidance.

ISO 37001:2016 Anti-bribery management systems-Requirements with guidance for use.

ISO 37002:2021 Whistleblowing management systems-Guidelines.

ISO 31000:2018 Risk management-Guidelines.

ISO 22301:2019 Security and resilience-Business continuity management systems-Requirements.

Seven Partners Consulting ESG 자가점검 체크리스트.

K-ESG 가이드.

https://www.unpri.org

https://sdgs.un.org/goals

https://www.fsb-tcfd.org

https://www.iso.org/

https://www.iasplus.com/en/resources/sustainability/iirc

기타 관련 보도자료 참조.

제4장

생태사회를 위한 문화콘텐츠와 로컬크리에이터의 역할

이병민(건국대학교 문화콘텐츠학과 교수)

1. 생태사회와 글로컬라이제이션

1) 생태사회의 전환과 지속 가능한 발전

최근 생태적인 중요성이 사회변화와 함께 더욱 강조되고 있다. 2000년 2월 멕시코에서 열린 지구환경 관련 국제회의에 참석한 파울 크루첸은 우리가 이제 '홀로세'가 아닌 '인류세'에 살고 있다고 강조한 바 있다. 인류세(Anthropocene)란 인류를 뜻하는 'anthropos'와 시대를 뜻하는 'cene'의 합성어로서, 인류로 인해 빚어진 지질시대라는 의미로 알려져 있다.[1] 이러한 인류세의 특징은 질소의 과다한 사용과 플라스틱 쓰레기의 남용, 화석연료의 문제점 등 지구를 위협하는 다양한 원인들과 생물상의 급격한 변화와 관련이 되어 있다. 문제는 인류세의 동력은 인간이 주도한다는 점에서 이전과는 차이가 있다는 점이며, 그 동력이 다시 우리의 생존을 위협하고 있다는 아이러니다. 물론, 이러한 이론에 반대하는 사람들도 일부 있지만, 환경보전의 심각성이 더욱 커지고 있다는 사실에는 이

---

[1] "'홀로세' 가고 '인류세' 올까 / 사이언스타임즈 2019.5.27. 기사
https://www.sciencetimes.co.kr/news/%ED%99%80%EB%A1%9C%EC%84%B8-%EA%B0%80%80%EA%B3%A0-%EC%9D%B8%EB%A5%98%EC%84%B8-%EC%98%AC%EA%B9%8C/

견이 없는 듯하다. 이런 맥락에서 지난 2019년 9월 뉴욕 유엔본부에서 열린 기후 행동 정상회의에서 스웨덴 출신의 청소년 환경운동가 그레타 툰베리는 무너지는 생태계의 위험성을 경고하고 세계 지도자들의 책임을 추궁하며, 미래세대의 빼앗긴 꿈에 대해 호소한 바 있다.

이와 같은 위기의식을 사회변화와 연계하여 더 살펴볼 필요가 있다. 사회발전에 대한 방향성과 논란은 인류가 지구상에 나타난 이후로 계속되어 왔지만, 최근의 논의는 양적인 성장보다는 질적 성장, 지속가능성과 회복력에 대해 보다 많은 관심을 기울이고 있다. 최근에 강조되고 있는 지속가능개발목표(Sustainable Development Goals, SDGs)는 사회발전을 포함하여, 현재 상황에 대해 인류공통의 발전을 위한 전환을 꾀한다는 점에서 많은 의미가 있다. 이는 현 한국사회에서도 지향점으로 제시될 수 있는 목표를 포함하고 있어 경제성장과 사회발전, 환경의 지속성이라는 관련 요소들을 통합적으로 고려하여 개발 목표를 세우고, 인류공영에 이바지하여야 한다는 점에서 중요한 시사점을 갖는다고 할 수 있다(SDGMUN, 2016).

이와 같이 생태사회의 중요성은 압축성장으로 대변되는 경제성장의 이면에서 우리가 놓쳐 왔던 것들을 되돌아보게 만든다. 전문가들은 고도성장의 이면에서 외면해 왔던 문제를 언급하며, 생태위기와 사회 양극화, 삶의 질 문제 등이 질적 성숙과 함께 정말 중요한 문제임을 강조하고 있다. 이는 인간의 사회활동에 의해 초래된 생태계의 재생산 과정을 바로잡아야 한다는 절박함과 관련되어 있으며, 사회의 변화와 구성원들의 존재 방식의 변화를 촉구하는 위기가 코로나 바이러스와 같이 우리 주변에 이미 와 있다는 점 때문이다. 최근 우리의 삶과 가장 밀접하게 연관이 된 코로나 바이러스의 위기는 기후 위기라는 생태적 위기와 깊은 관련을 가지면서, 나아가서 우리의 사회체제와 문명에 대해 보다 많은 질문을 던지고 있다. 울리히 벡의 주장과 같이, 오늘날의 근대화는 산업사회를 해체하고 또 다른 근대성을 형성하고 있는데, 이를 따라가다 보면, 새로운 사회를 구성하는 과정으로서, 국가와 지역에서 기본적인 전제조건들을 새롭게 바꾸어야 하는 필요성과 함께 생태사회로의 전환 가능성이 커지고 있다 하겠다.

2) 글로컬라이제이션과 환경의 변화

혁신과 관련된 환경이 급속도로 바뀌어 가면서, 국가와 지역의 차원을 살펴보자면, 지역의 경쟁력에도 변화가 생기고, 세계의 경제가 글로컬라이제이션(Glocalization)2)이라는 조건 속에서 변화의 소용돌이를 겪고 있다(이병민, 남기범, 2016). 이에 따라, 국가의 역할은 축소되고, 도시 및 지역의 공간적 역할이 상대적으로 중요해지고 있다. 이는 글로벌 시장경제 체제의 변화에 따라 세계 경제공간의 불균등이 심화되어 가는 현상과 연관이 매우 큰데, 이때 자본의 전 지구적 이동성과 세계화의 확대에 따라 지역에 대한 중요성이 오히려 더욱 커지고 있다. 혁신과 사회적인 변화, 문화적인 환경의 관계를 살펴보면, 문화다양성을 기반으로 하는 혼종성과 상호

---

2) 통상적으로는 경영학에서 세계화를 의미하는 글로벌라이제이션과 지역화를 의미하는 로컬라이제이션의 합성어로서, 세계화와 현지화를 동시에 이뤄 시너지 효과를 극대화하려는 다국적 기업의 현지 토착화를 말하며, 현재 사용되는 일반적인 개념은 지역적인 것의 세계적 생산과 세계적인 것의 지역화를 표현하는 용어로서, 세계성이 지역성에 의해 수정되고 변경된다는 의미를 담으며, 지역의 정체성을 육성해 세계적인 것으로 발전시키는 개념이라 볼 수 있다.

연결 등을 중시하는 경향이 많아지고 있다. 한편으로는 앞에서 이야기한 바와 같이, 코로나 바이러스 사태로 인해 반세계화의 경향이 더욱 거세지고, 인적 이동 차단으로 '지역화'의 경향성이 더욱 두드러지는 상황이 나타나기도 하고 있는데, 이는 지역의 생존과 밀접한 관계가 있다.

이러한 위기 상황에 비추어 지역단위의 경제활동이 그 형태를 새로이 하면서 글로컬라이제이션 현상과 밀접한 관련이 나타나고 있음에, 소위 '로컬크리에이터'들의 출몰과 같이 지역을 토대로 하는 다양한 경제활동이 등장하고 있음에 주목할 필요가 있다.3) 잘 알려진 대로, '로컬크리에이터'들은 머물고 있는 지역의 다양한 요소들에 주목하여, 자기만의 방식을 통해 이를 문화콘텐츠로 창작해 내는 사람들이다. 혹자는 이와 관련 유행이 아닌 라이프 스타일의 변화를 강조하는 이도 있으며, 한국적 상황에서 '골목'과 같은 노스탤지어와 콘텐츠에 주목하기도 한다. 이종수(2011)에 따르면, 골목길은 획일화·대형화·보편화로 특성화되는 모더니즘의 특성에 반발하여 이를 향유하는 이들이 사적인 공간을 확보하려는 노력의 일환이라 할 수도 있다. 사라져 가는 길에 대한 이야기들을 만들고 보유하고 싶은 욕망이 구현되는 '장소성' 등으로 표출되는 것이기 때문이다. 이러한 현상은 더 이상 지역을 주변부로만 규정할 수는 없

---

3) 우리나라에서 '로컬크리에이터' 분야에 대해 가장 많은 연구를 진행한 <골목길 자본론>의 저자 모종린 교수에 따르면, '로컬크리에이터'란 지역에서 활동하는 창의적 소상공인을 말하며, 좀 더 구체적으로는 골목상권 등 지역 시장에서 지역 자원, 문화, 커뮤니티를 연결해 새로운 가치를 창출하는 창의적 소상공인이라 정의되며, 비로컬 김혁주 대표에 의하면, 로컬콘텐츠는 ① '로컬'에 대한 이해와 해석, ② 지역에서 조달할 수 있는 제품, 서비스와 같은 비즈니스 아이템, ③ 지역 또는 지역 내부 네트워킹이라는 세 가지 요인으로 인해 매우 다양한 유형으로, 다층적으로 생산된다고 알려져 있다. "왜 지금 로컬크리에이터인가?" http://belocal.kr/View.aspx?No=128944

으며, 새로운 혁신의 출발점이자, 새로운 창의성 전파의 중심지가 될 수 있다는 점에서 의미가 크다. 특히, 최근에 많은 주목을 받고 있는 리빙랩4) 등과 같이 사회적 가치 창출과 혁신 등 지역의 특성을 이해하고, 문제를 해결하려는 문화적 맥락이 이러한 현상의 배경이 되고 있다.

3) 중소도시와 경쟁력

규모의 문제를 지역단위에서 보자면, 대도시보다는 중소도시가, 규모의 경제보다는 맥락의 경제가 생태사회의 전환과 함께 중요하게 대두되고 있다고 할 수 있다. 최근의 문명사회의 발전과 관련하여 거대도시의 편향성을 비판해 보면, 지역단위의 문화와 발전 잠재력에 초점을 맞추어야 한다는 주장도 많다. 소위 지역의 '작음(smallness)'이 그들의 사회적 네트워크와 행동, 시민의 합의를 통해 강한 애착심을 지역단위에서 만들어내기 때문이다(Richards & Duif, 2019). 최근에는 소도시가 혁신, 지식과 문화에 대한 접근성, 역동적인 경제발전 공간으로의 연결성 때문에, 무엇보다 살기 좋은 곳으로서 중요한 이점을 갖고 있다고 알려지고 있다. 지역단위에서는 대도시와 큰 규모의 지역이 모방하기 힘든 수준의 밀도 있는 서비스의 제공이 가능하다. 작은 도시들은 더 우호적이고 사교적이며, 더욱 강한 지역단위의 유대의식이 존재한다.

---

4) 우리말로는 '생활 실험실' 정도가 어울리는데, 말 그대로 우리가 살아가는 삶의 현장 곳곳을 실험실로 삼아 다양한 사회문제의 해법을 찾아보려는 시도를 가리킨다. 학술적으로는 '사용자가 적극적으로 혁신활동에 참여 가능한 사용자 주도 개방형 혁신 생태계'라고 정의되며, 생활 현장(real-life setting)에서 사용자와 생산자가 공동으로 혁신을 만들어가는 실험실의 의미를 갖고 있다. 혁신주체 간 상호작용을 촉진하고, 그 결과가 모두에게 이득이 되는 개방형 혁신 네트워크의 대안적 모델이라 할 수 있다(성지은 외, 2013).

글로벌 시장경제 체제가 융성하던 시절에도 지역 측면의 경제는 의미가 없어지지 않았으며, 글로벌 시장경제 체제가 인간의 모든 경제활동을 설명할 수 있지도 않기 때문에 지역단위의 협력과 맥을 같이할 것이다. 지역단위의 경제활동이 결국에는 제한적이기는 하지만, 세계화의 경향과 조화를 이루며 그 형태를 새로이 하면서 글로컬라이제이션 현상이 새로운 국면으로 나타날 것이며, 디지털경제에 기반을 둔 다양한 경제활동이 등장할 것으로 예견된다. 이러한 현상은 포스트코로나 시대를 예견하여 볼 때, 경제의 다양성과 복잡성이 증가하리라는 예상으로 이어진다.

코로나 바이러스와 같은 예기치 못했던 상황에 대응해야 하는 상황에서 위기 대응력과 사회 안전망 확보 등과 관련한 역량들이 국가의 경쟁력을 측정하는 요소로 떠올랐는데, 이는 최근 학문적으로 중요하게 대두되고 있는 사회의 회복력 요소가 지역발전에 어떻게 작용할 수 있을까 하는 문제와도 연결된다. 잘 알려진 대로 뉴노멀로 대표되는 저성장시대가 계속되면서 기술 혁신과 지역 경제의 구조적 전환을 촉진하기 위해 지역 회복력(regional resilience) 및 사회 응집력 강화 등이 지속가능한 발전을 위한 중요한 과제로 등장하였다(하수정 등, 2014; Park, 2015; Martin et al., 2016). 이때의 회복력은 단순히 외부 충격에 적응하는 것만이 아니라 장기적으로 사회의 새로운 발전경로를 개척해 나아가는 것까지 포함한다는 점에서 의미가 크다(신동호, 2017). 이를 통해 살펴보자면, 선진국이라는 기존 틀로는 설명하지 못하는 국가의 생태적인 회복능력에 주목해야 할 필요성이 커지며, 이러한 국가들을 소위 선도국(leading country)으로 분류할 수도 있다는 가능성이 제기된다. 문제는 지역단위에서 의미 있는 '장소만들기'를 어떻게 이루어갈 것인가, 생태적으로 긍정적인 도시를 의미 있게 바꿔 나갈 수 있을까 하는 것이다. 휴먼스케일, 친화성, 공동체의 소통, 일상의 활기를 만들어내는 것이 숙제이다. 이러한 문제의 해결을 위한 가능성 중의 하나로 로컬크리에이터를 살펴보고자 한다.

2. 로컬크리에이터와 콘텐츠

1) 지역발전과 로컬크리에이터

이 푸 투안(Yi-Fu-Tuan)(1977)은 보편적인 법칙을 도출하기 위한 추상적으로 동질된 영역이 '공간(space)'라면, '장소(place)'는 거주자의 필요가 충족되는 가치의 중심지라고 설명한 바 있다. 이때, 공간은 장소보다 추상적이며, 무차별적인 공간에서 출발하여 공간에 가치를 부여함에 따라 공간은 장소가 되어 가는 것이라 할 수 있다. 로컬크리에이터들은 앞에서 언급한 정의를 바탕으로 볼 때, 장소를 토대로, 자신의 창의성을 발현하고 의미를 부여하며, 콘텐츠를 만들어내는 사람들이라 할 수 있다.

지역단위와 지역공동체를 기초로 하는 새로운 형태의 비즈니스나 기획자가 등장하는 배경에는 지역의 침체 및 고령화, 이에 따른 복지수요 증대 및 사회 침체 등 다양하고 복잡화된 문제가 얽혀 있고, 종전의 개별 기업이나 사회구조, 행정서비스에 의한 대응으로는 한계가 있기 때문으로 설명된다. 격차가 확대되고 사회적인 서비스에 대한 수요가 다양해짐에 따라 공동체적 요소에 의한 소규모의 현장 밀착적 대응과 사회변화에 대한 새로운 접근 필요성이 높이지기 때문이다.

예를 들어 지역사회의 공동체 사업으로 중요한 커뮤니티 비즈니스(community business)5)의 경우에는 지역사회의 현안을 행정, NPO, 자원봉사 등이 아닌 비즈니스 방식을 활용하여 설립, 운영되는 기업형 사회체가 중요한 의미를 갖는다. 지역사회가 필요로 하는 재화와 서비스를, 최소한의 수익을 추구하는 기업형 사업체(CB)가 공급함으로써 일자리와 소득을 창출하고 지역경제의 자립도를 높여 지역 활성화에 기여할 수 있는 장점이 있다(삼성경제연구소, 2009). 다시 정리해 보자면, 지역 내 커뮤니티가 주체가 되어 지역이 가진 공동의 문제를 해결하기 위해 지역의 자원을 활용하고, 지속 가능한 비즈니스의 방법을 도입하여 활동으로 인한 이익을 지역에 환원한다는 점에서 지역사회의 내발적 역량을 강화하고, 순환경제의 중요성을 부각시키는 특징이 있다([그림 1] 참조).

이런 맥락에서 최근 새로운 경제활동의 사례로서, 최근 많이 회자되고 있는 '사회적 경제'는 특정한 공간과 문화콘텐츠가 연결될 때 시너지를 낸다는 점에서 커뮤니티 비즈니스의 연장선상에서 로컬크리에이터와 문화콘텐츠에 대해 중요한 시사점을 던져준다. 인문학에서는 오랫동안 다루어진 주제이지만, '공감(sympathy)'을 통해 많은 의미를 던져주기 때문이다. 골목과 같은 지역단위에서 '공감'이라고 하는 사회적 구성의 생태적 원리는 장소 기반의 특성을 드러내며, 그만의 독특한 역사성을 발현한다. 예를 들어, 사회적 경제는 소비뿐만 아니라 사회가 보유하고 있는 환경(milieu)의 물질

---

5) 지역이 직면한 문제를, 주민이 주체가 되어 지역잠재자원의 활용을 통해 비즈니스 형태로 해결하는 것이라 할 수 있다(김재현, 황수철, 2010).

적·비물질적 표현의 생산에 기반하며, 함께 공유하거나 함께 창조하는 즐거움을 중요하게 생각하고 있는데, 로컬크리에이터들은 공동체 사업에 대해 이러한 점에 주목한다고 할 수 있다. 이에 따라, 공동체 문화 기반의 사회적 관계의 환경에서 발생하는 '창조적인 공동체(creative communities)'들이 중요하다고 판단되는데, Douglas(2016)는 다양한 공동체가 참여하는 장소성 기반 사회적 활동의 궁극적인 목적은 창의적 환경(creative milieu)의 조성과 함께 유쾌함/즐거움(conviviality)을 공유하는 데 있다고 강조하고 있다. 서울문화재단에서 지역의 문화기획자들을 인터뷰한 보고서에 따르면, 동기를 묻는 질문에 많은 기획자들이 '자기활동과 함께 즐거운 예술', '그냥 뭔가를 만드는 일에 집중', '즐겁게 사는 것이 비전', '참여자 모두가 함께 즐거운 하루', '자기다운 삶을 살 수 있는 문화만들기', '문화를 통한 행복창조' 등 유쾌한 목적에 대해 많은 이야기를 나눈 경우가 있다(서울문화재단, 2017). 지역을 바꾸겠다는 무언가 거창한 목표로부터 출발한 것이 아니었다는 것이다.

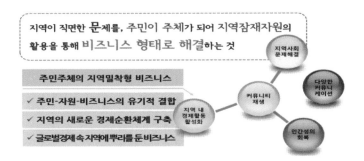

[그림 1] 커뮤니티 비즈니스의 의미와 특징

출처: 김재현, 황수철, 2010, 커뮤니티비즈니스 활성화 방안, 농업·농촌의 길 2010 심포지엄 발표자료, p.7

이는 한편으로는 종래의 다른 경제활동과는 다른 새로운 의미의 문화기반 혁신을 창출하는 단초가 된다. 문화는 시민들의 참여, 공동체의 능력을 강화함과 동시에 상호 문화 간의 대화와 갈등 해소 및 동동한 권리보장을 발전시킬 수 있기 때문이다(정수희, 이병민, 2018). 이를 통해 사회적 경제의 지리적 사고는 우리가 살고, 생산하고, 나누는 곳이 어디이며, 내가 누구인지 의미를 부여하며, 발을 딛고 있는 장소를 토대로 정체성을 만들어가는 과정임을 강조한다. 최근에는 이러한 현상과 관련하여 관계적 장소 만들기(relational place-making)의 개념이 대두되고 있다(Pierce, Martin, and Murphy, 2011). 장소는 사회, 정치, 경제적으로 사람과 제도들 간의 상호작용의 결과 창출되는 것으로, 역동적이고 다중스케일적이며, 유연적임을 이해해야 한다. 로컬크리에이터들이 활동하는 지역은 그러한 다양성이 표출되는 가장 기본적인 공간이라 할 수 있다.

2) 로컬콘텐츠의 발전 가능성

앞에서 중소도시의 경쟁력을 언급했는데, 이와 관련 Meijers et al.(2016)은 '규모의 차용(borrowed size)'을 통해 중소도시가 대도시 등과 견줄 수 있는 집적의 이익을 어느 정도 달성할 수 있다고 강조한 바 있다. 이러한 효과는 넓은 지역보다는 국지적인 수준에서 발견된다. 이들은 네트워크를 통한 규모의 차용을 집적의 이익으로 창출하며, 규모의 한계를 극복한다.

중심부보다는 아기자기한 이야기가 많이 일어나는 로컬단위에서는 이런 측면에서 네트워크를 통해 시너지를 창출할 수 있는 다양한 콘텐츠가 많고, 이를 연계할 경우 다양한 효과를 낳을 수 있다.

특히, 앞에서 이야기한 바와 같이 문화와 지속 가능한 경제발전의 관점에서 4차 산업혁명을 보자면, 관련 환경의 변화에 따라 문화를 기반으로 한 콘텐츠는 디지털사회의 변화와 함께 지역단위에서도 그 중요성이 더욱 커질 것으로 예견된다. 기술의 진보에 대해 문화콘텐츠의 관련 주제 중 가장 중요한 키워드들은 연결(Connected), 융합, 스마트(Smart), 경험 등이 될 것으로 전망되며, 기술의 발전에 따른 인류 삶의 패러다임의 변화에 변화의 중심이 될 것이기 때문이다. 이러한 변화에서 가장 중요한 것은 패러다임의 변화에 따라, 디지털 기술이 만들어낸 사이버세계와 지역단위의 현실적·물리적 세계가 통합되는 CPS(Cyber-Physical System)세계에 어울리는 문화콘텐츠를 지역에서 어떻게 기획하고, 개발, 활용할 것인가 하는 것이다. 이에 따라 지역단위에서 특히 짧은 내용의 콘텐츠를 소비하는 스낵컬처, N screen 기반 콘텐츠, 쌍방향 콘텐츠, 사용자 인터페이스(UI)의 편의성 추구 등 소위 스마트 콘텐츠에 대한 관심과 필요성은 더욱 증가할 것이다(노영순, 2017). 또한 산업적으로 단기 전망을 살펴보면, 문화콘텐츠의 활용에 따라 제조업, 관광 등 타 산업과의 융합, 국경을 넘어서는 해외시장의 진출, 문화콘텐츠 이용과 소비의 국제협력 추진 등 주제가 더욱 중요하게 대두될 전망이며, 정책적으로는 기술과 주력산업 융합을 위한 소위 콘텐츠 R&D 지원 확대 및 관련 체계·법제 개선 등이 중요하게 대두될 것으로 판단된다(이병민, 2017). 이러한 상황에서 로컬콘텐츠는 글로벌 환경이 발전하고, 디지털 기술문명이 발전할수록 역설적으로 더 중요해질 것이다. 세계화가 진행될수록 무한경쟁의 압박이 심해지며, 자신의 정체성을 찾고, 문화의 뿌리를 찾으려는 노력이 계속

될 것이기 때문이다. 예진 《렉시스와 올리브나무》라는 책에시 프리드만은 첨단기술과 세계화의 상징으로서의 렉서스와 함께, 가족, 민족, 국가, 종교를 상징하는 올리브나무가 균형을 이루어야 한다고 이야기했지만, 신자유주의와 세계경제 위기 등의 영향으로 최근에는 오히려 튼튼한 올리브나무의 중요성을 더 강조하는 것이 현실이다.

중요한 것은 로컬콘텐츠가 생성되고, 활동가들의 터전이 되는 지역에 대해 장소성을 기반으로 하는 사회적 환경의 파악이 충분히 고려되어야 한다는 점이다. 사회적 경제라는 용어에도 나타나듯이, '공감'과 사회적인 소통은 서구의 대량생산 산업시스템에 가려져 놓쳤던 우리 지역의 많은 이야기들을 담을 수 있는 근거가 된다. 시공간 맥락과 스토리, 혁신과 관련된 지역단위의 창조적인 역량, 사회적 공감대, 문화와 경제의 활용성에 이르기까지 무수한 연계 활용과 의미의 해석이 가능하기 때문이다. 지역에서 각기 다른 시공간 범주에 의해 발전되어 온 양상들이 새롭게 표출할 기회와 결합되었을 때, 훌륭한 결과로 재탄생할 수 있으며, 로컬콘텐츠는 기존의 주류 경제학, 사회적 활동과는 다른 특성을 나타낼 것이다.

다만, 간과해서는 안 될 것이 세계화와 신자유주의 등에서 강조되었던 상업성을 바탕으로 단기적인 열매에 집착하는 성과의 창출은 매우 부정적인 영향력을 지역에 줄 수 있다는 사실이다. 서울의 북촌 등에서 나타나는 주거지 관광지화 현상, 소위 '투어리스티피케이션(touristification)'이 나타나면서, 소음, 쓰레기, 주차난 등 많은 문제를 야기하며, 지역 주민들이 떠나는 현상이 나타났으며, 전통문화도시로 잘 알려진 전주 같은 경우도 먹자골목이 범람하면서,

지나친 상업화로 인해 문제점이 많이 나타나고 있다. 한국의 많은 도시들에서 소위 '둥지 내몰림'이라고 하는 젠트리피케이션 현상이 나타나는 것도 어제오늘의 일이 아니다.

이를 위해서는 지역의 수요자들을 토대로 한 법제도의 마련, 보호책의 마련과 함께 자생력을 증진시킬 수 있는 다양한 지원서비스가 강조되어야 한다. 관련하여 모종린(2019)은 대기업과 차별화되는 지역특화전략, 더 많은 만남을 유도하는 복합문화공간의 유무, 주민, 고객, 기업을 연결하는 공간디자인, 로컬플랫폼과 시너지를 이루는 로컬콘텐츠, 주민이 직접 참여하는 커뮤니티비즈니스, 동네를 새롭게 바꾸어가는 골목길 기획 등을 강조한 바 있다. 예를 들어, 이러한 요소들을 고려하여 장인대학 등 체계적인 교육과 관련 시스템이 정비될 필요가 있으며, 연관업종 및 분야들 간의 다양한 협업 및 교류관계가 성립되어야 한다는 것이다.

[그림 2] 로컬크리에이터의 주요 콘텐츠: 텀블벅 사례

출처: https://tumblbug.com/discover?query=로컬(열람일: 2020.10.15. 기준)

실제로 많은 지역들에서 로컬크리에이터들은 다양한 영역에서 창의성을 바탕으로 다양한 콘텐츠들을 만들어낸다. 최근에 나타나

는 현상을 살펴보면, 음식점, 카페뿐 아니라, 코위킹, 코리빙, 건축·
디자인 사무소, 복합문화공간, 공방, 독립 서점, 예술가 스튜디오
등 문화기획자를 비롯한 다양한 사람들이 몰리는 창의적인 공간이
인기를 끌고 있으며, 아이디어를 공모하는 텀블벅과 같은 사이트에
서는 지역을 기반으로 하는 문학, 뷰티, 게임, 디자인, 푸드, 축제
등 다양한 콘텐츠가 등장하고 있다([그림 2] 참조).

이와 관련 중소벤처기업부는 지역의 가치 제고와 경제 활성화를
위해 지역의 자연적 특성과 유무형의 문화적 자산을 발굴해 사업화
하는 로컬크리에이터 140개 과제를 '20년 상반기 선정하기도 했는
데, 코로나 상황에도 22:1의 경쟁률을 기록한 바 있다('19년 창업지
원사업 평균 경쟁률 5:1). 코로나19를 겪으면서 라이프 스타일은
개인이 지향하는 가치판단을 기초로 이루어지는 가치소비의 경향이
뚜렷해지는 한편 건강식품의 선호도가 높아지고, 가족과 개인 단위
의 관광·레저 활동이 증가하는 방향으로 변화되고 있다. 주요 유
형으로는 ① 지역콘텐츠, ② 거점브랜드, ③ 스마트관광, ④ 지역기
반제조, ⑤ 로컬푸드, ⑥ 디지털문화체험, ⑦ 자연친화활동 등으로
구분되고 있다.

하지만, 골목을 바탕으로 창의적인 크리에이터들이 살아남기 위
해서는 많은 부분이 보완되어야 한다는 지적도 많다. 실제, 부분적
인 각 분야의 전문가들은 있는데 이걸 융합적으로 묶을 수 있는 지
역 전문가는 많지 않은 것도 현실이다. 이 간극을 메워줄, 지역 분
야 전문기업도 필요하다. 정부 측면에서는 일자리 창출사업으로만
바라보는 경향도 없지 않다. 아직은 정의되지 않은 많은 사업들에
대해 미래 지향적인 가치를 토대로 잠재력을 보려는 기다림이 요구

된다. 단기적인 수익보다는 창작자들이 잘할 수 있는 영역 내에서 계속 새로운 사업들을 시행해 나가며, 미국의 포틀랜드처럼 지역과 긴밀하게 관계를 맺고 성장할 수 있도록 환경을 만들어주는 것이 무엇보다 중요하다.6) 그러자면, 콘텐츠 교육 중심의 직업훈련 시스템 등을 지역단위로 구축하고, 다양한 재교육이 이루어져야 보다 많은 상인이 골목상권에서 새로운 기회를 찾고 보다 풍성한 지역의 문화를 창출해 나갈 수 있을 것이다.

3. 생태사회 발전을 위한 로컬크리에이터의 역할

실제 미래를 준비하는 다양한 이슈 보고서에 따르면, 복잡한 양상에 대한 특징은 환경변화와 밀접한 관련을 맺고 있으며, 최근의 환경변화는 사회문화적 변화뿐 아니라, 산업경제의 변화와 삶의 변화 등이 모두 복합적으로 얽혀서, 다양한 이슈들을 양산해 내고 있다고 강조한다. 저출산과 고령화, 불평등의 문제뿐 아니라 삶의 불안정성, 고용불안, 에너지, 기후변화, 저성장과 성장전략의 전환과 함께, 삶의 질을 중심으로 하는 라이프 스타일의 변화에 이르기까지 이전과는 다른 중층적 구조들이 복잡하게 연결되어 있다. 사회문화와 개인적 삶의 변화, 기술을 바탕으로 한 산업경제의 발전은 넓은 의미로서 생태사회의 중요성을 강조한다. 이에 스마트환경의 변화에 이르기까지 정책적 도전은 새로운 환경의 적응도를 높이기 위한 노력의 경주를 요구하고 있다. 경제적으로는 저성장과 경제적

---

6) "로컬 생태계가 건강하려면 돈 버는 사람이 필요하다"(오마이뉴스, 2020.4.20. 기사 참조). http://www.ohmynews.com/NWS_Web/View/at_pg.aspx?CNTN_CD=A0002634507

불확실성의 심화, 사회 불평등의 증대, 불공정 경제 구조로 인한 불안요소를 해소할 수 있는 지역단위의 혁신적 경제모델이 필요한 시점이며, 문화적으로는 생산자이자, 소비자인 국민이 휴식과 여가가 있는 삶을 통해 삶의 질을 높이고, 자유와 창의성을 기반으로 우리 사회의 창의 수준을 제고하고, 문화 부가가치를 극대화하여, 새로운 시대를 위한 적응력을 높여야 하는 시기이다(노영순, 2017).

일본의 학자 나카무라는 지역발전의 중요한 원칙으로서 순환성·다양성·관계성을 내세웠는데, 이는 생태학적 원리를 지역발전계획에 적용하자는 주장이며, 이를 토대로 일본의 경우 마치즈쿠리가 실천되는 계기가 되었다고 볼 수 있다. 관계성을 토대로 지역발전을 위해 지역 내의 순환성, 다양성, 관계성을 살려야 한다는 것이다(이시재, 2008).

도시의 하드웨어는 도시 기능성의 기초를 받들고, 도시에서의 생존을 가능하게 하지만, 콘텐츠와 소프트웨어는 도시를 원하게 만들며, 매력도를 증진시킨다. 이를 어떻게 조화롭게 연결할 것인가가 숙제이다. 다양한 콘텐츠와 창의적인 인력이 조화되는 생태계로서의 플랫폼을 만들어가는가가 중요하다. 좋은 콘텐츠를 만든다는 것은 '플랫폼'을 통해 가능한 자원을 솔루션으로 변화시키는 것이다. 이러한 상황을 통해 상호작용과 협업을 가능하게 하는 기제가 작동하기 위해 로컬크리에이터는 이러한 구조의 핵심요소가 될 수 있다. 이때, 도시가 시민들에게 단순히 서비스를 전달만 하는 것이 아니라, 함께 작동해야 한다는 것이 정말로 중요하다.

장소는 다양한 구성원들의 사회문화적인 속성을 담고 있는 중요한 플랫폼이며, 이때 로컬크리에이터를 염두에 둔 지리적 사고는 지역의 발전을 도모할 수 있는 매우 의미 있고 중요한 화두가 될 수 있다. 우려할 것은 많은 사람들이 로컬크리에이터들의 활동과 관련하여, 사회적 경제와 혁신을 이야기하기도 하지만, 도구적 성격으로 이용되는 경우도 많으며, 협동조합 등 다양한 주체들의 참여를 유도하지만 적극적인 주체라고 하기에는 솔직히 힘든 경우도 많다는 사실이다. 아직까지 정책적으로도 담론이 충분히 성숙되었다고 보기는 어려우며, 유연성이 부족하여 실제적으로 현장 기획자나 활동가들이 답답해하는 경우도 많다. 이러한 점에서 민간에서 최근 수요가 늘어나고 있는 독립서점 등과 같이 나타나는 자발적인 움직임을 어떻게 더 키우고, 문화다양성을 바탕으로 한 지역 브랜드에 중점을 둘 수 있을까 하는 것이 관건이겠다.

문제는 로컬크리에이터와 같은 주체의 문제에 대해서도 활동의 주체에게만 집중하는 것이 아니라, 다양한 지역민들과 활동에 관련되는 사람들 소비자, 향유자, 참여자, 이용자들 사이에서 일어나는 다양한 소통에 대해서 살펴보아야만 한다는 점이다. 이는 지역의 문화생태계 내에서 호혜성의 원리(시민사회와 공동체 등)와 나눔을 원칙으로 하는 문화콘텐츠의 파급력이 작동하는 영역에 대한 고민이 될 것이다. 지금까지 언급된 사회적 포용성은 영역 내부의 관계에 집중하여 일상생활을 구성하는 다양한 제도와 관계에 접근하고, 통합될 수 있는 과정이자 상태를 강조했지만, 최근에는 내부성의 관계에서 나아가 보다 유동적·개방적·수평적인 관계성으로 이행되는 소위 '문화적 포용성'을 강조하고 있기 때문에, 지역단위에서 로컬콘텐츠를 언급할 때는 이와 같은 고려가 필요하다.[7]

---

7) 사회적 포용성과 비교하여, '문화적 포용성'은 관계의 필요와 공간의 연결, 행위를 통한 실행의

사회적 포용성에서 강조하는 통합이 배제를 지양하고 각각의 다양성을 유지하는 것에 의의가 있다면, 문화적 포용성은 공존을 더하여 문화적 의미를 찾는다고 하는 데서 의미를 확장할 수 있기 때문이다. 문화적 포용성은 생산과 소비를 잇는 매개뿐만 아니라 문화적 기억, 사람, 내외부적 환경 등의 여러 영역과 관련되며 끊임없이 변화하고 확장하는 특성을 드러낸다. 특히, 최근 디지털기술의 발전으로 사이버 공간의 확장과 함께 소셜 플랫폼(social platform) 등을 통해 문화적 혁신의 의미가 두드러지고 있다. 골목 사이사이 숨어 있는 맛집을 찾아다니고, 남들이 모르는 독립서점에서 자신만의 소중한 콘텐츠를 찾아내는 행위들을 보면 이러한 발전이 어떻게 발전해 갈 것인가에 대한 미래 양상을 예측할 수 있다. 강조한 바와 같이 양적인 신뢰보다는 질적인 신뢰가 집단지성을 통해 협업관계를 만들고, 쌍방향 교류를 전제로 영역성과 관계성의 시너지를 도모하며, 특정한 장소를 토대로 사회·경제적 활동의 매개를 창출할 수 있는 기반을 만들기 때문이다.

어느 지역의 기획자는 로컬크리에이터가 되는 것은 '미세한 가능성이라도 있는 희망의 영토를 구축하는 것'이라고 그의 일을 설명한 바 있다. 매우 공감되는 표현이다. 지역에서 특정한 역사적·사회적 맥락을 기반으로 하는 '장소(place)'의 특징을 살리면서, 로컬크리에이터들의 활동들이 자발적으로 이루어질 수 있도록 지속 가능한 사회적 환경을 조성하고, 생태계를 구축하는 일이 앞으로 더욱 중요해질 것이다. 이를 위해 '혁신'과 '공감' 등 주제를 어떻게

과정을 바탕으로 유기적 학습 관계의 형성 및 공적 공간을 중심으로 한 개방성의 창출, 다양한 주체의 실천 등으로 그 특징이 나타난다(박민하, 이병민, 2019).

정의하고, 경제가 아닌 '문화'와 '사회' 문제로서 바람직한 지역 생태계를 앞으로 만들어나갈 것인가 하는 문제, 지속 가능성을 어떻게 담보할 것인가가 숙제가 될 것이다.

참고문헌

김재현·황수철, 2010, 커뮤니티비즈니스 활성화 방안, 농업·농촌의 길 2010 심포지엄 발표자료.

노영순, 2017, UN 지속가능발전목표(UN SDGs)와 문화정책의 대응 방안, 한국문화관광연구원.

모종린, 2019, "어디에서, 어떻게 운영? 상권이 아닌 상생의 가능성을 봐야", 동아비즈니스리뷰, 281호, Issue 2.

박민하·이병민, 2019, "홍대앞 사례를 통한 문화적 포용성 개념의 적용", 한국경제지리학회지, 22 (4), 539-554.

서울문화재단, 2017, 예술활동의 다변화와 사회적 실천-예술의 사회적 활동 실태에 관한 연구.

성지은·송위진·박인용, 2013, 리빙랩의 운영체계와 사례, STEPI INSIGHT 제127호, 과학기술정책연구원.

오형은, 2011, 커뮤니티 비즈니스, 사람 중심의 도시형 마을 만들기, 2011 전략과제 제4차 워크숍 발표자료(충남발전연구원).

이병민, 2020, "포스트코로나 시대 접경지역 발전전략", 한국경제지리학회지, 23 (4), 197-214.

이병민, 2017, "4차산업혁명과 문화콘텐츠", 문화예술지식DB, 아키스브리핑 제107호, 한국문화관광연구원.

이병민·남기범, 2016, "글로컬라이제이션과 지역발전을 위한 창조적 장소만들기", 대한지리학회지, 51(3), 421-439.

이시재, 2008, "일본산촌 지역활성화연구-토구시마현 카미카츠정의 ㈜ 이로도리 사례를 중심으로", 한국민속학, 48, 71-108.

이종수, 2011, "부산 골목문화자산 스토리텔링 마케팅", 한국정책학회 하계학술대회 발표집, 한국정책학회.

이푸투안, 1999, 공간과 장소, 대윤.

정수희·이병민, 2018, "사회적 예술활동의 개념 규정과 유형화에 대한 연구", 예술경영연구, 46, 5-33.

토마스 L. 프리드먼, 2004, 렉서스와 올리브나무, 청해(새우와 고래).

하수정·남기찬·민성희·전성제·박종순, 2014, 지속가능한 발전을 위한 지역 회복력 진단과 활용 방안연구, 국토연구원.

Douglas, M., 2016, Convivial Cities for Human Flourishing and Resilient Economies. (In Korean), Conference: 2016 Open Daegu for Creativity & FutureAt: Daegu, South Korea.

Martin, R., P. Sunley, B. Gardiner, and P. Tyler, 2016, How regions react to recessions: resilience and the role of economic structure, *Regional Studies* 50(4): 561-585.

Meijers, E. J., Burger, M. J., and Hoogerbrugge, M. M., 2016, Borrowing Size in Networks of Cities: City Size, Network Connectivity and Metropolitan Functions in Europe. *Regional Science* 95(1): 181-98.

Park, S. O., 2015, *Dynamics of Economic Spaces in the Global Knowledge-based Economy: Theory and East Asian Cases*, London: Routledge.

Pierce, J., Martin, D. G., and Murphy, J. T., 2011, Relational place-making: the networked politics of place, *Transactions of the Institute of British Geographers* 36 (1), 54-70.

Richards & Duif, 2019, *Small Cities with Big Dreams*, Routledge, New York.

SDGMUN, 2016, 『2016-2030』 Sustainable Development Goals '지속가능한 발전 목표 SDGs 종합 보고서.'

제5장

지구촌의 연대와 지속 가능한 발전을 위한 오스트리아의 공정무역 운동

송희영(건국대학교 전 총장/
미래도시환경연구원 특임연구원)

1. 공정무역이란?

2018년 7월 서울특별시가 6년의 노력 끝에, 또 2017년 10월 인천광역시가 7년의 노력 끝에 ≪국제공정무역마을위원회≫와 ≪한국공정무역마을위원회로≫부터 ≪국제공정무역도시≫ 인증을 받았다. 이로써 인구 천만인 서울은 세계 최대의 ≪국제공정무역도시≫가 되었고, 2017년 인천은 아시아에서는 일본의 쓰시, 나고야, 구마모토에 이어 네 번째 ≪국제공정무역도시≫가 되었다. 부천시는 2016년 12월 공정무역도시를 선포하고 2017년 6월 독일 국제무역기구로부터 ≪공정무역도시≫로 인정을 받아 공정무역자체선포도시가 되었다. 그 외에도 경기도와 화성시와 광명시와 하남시 등이 ≪한국공정무역마을위원회≫로부터 국제공정무역마을 인증을 받았다. 또 서울 성북구는 2016년 <공정무역센터>를 설립하였다.

공정무역은 제3세계의 생산자와 주로 개발 국가 소비자의 연대를 통해 제3세계의 생산자들에게 공정한 대가를 지불함으로써, 그들이 가난에서 벗어나고 자립할 수 있도록 돕는 국제무역체계이다. 다시 말하면 공정무역은 제3세계의 생산자와 개발국 소비자 간의 직거래, 공정한 기격, 건강한 노동, 생태계 유지, 생산자들의 경제적인 독립 등을 전제로 한 대안무역이다. 따라서 공정무역은 지구촌 차원의 새로운 경제학을 윤리화 할 수 있는 대안으로 여겨지며 시민운동으로 발전했다. 1950년대 말 유럽과 북미에서 펼쳐진 공정무역 운동은 1970년대 유럽에서 신사회운동이 일어나고 생태 위기를 논하면서 유럽 전체로 확대되었다. 이어서 1992년 리우회의에서 "지속 가능한 발전"이라는 용어를 선포하면서 한 작물만을 경작하는 플랜테이션 농장들에 의해서 훼손된 지구촌 남쪽의 토양과 자연 생태계 및 그곳 주민들의 열악한 노동환경과 생활환경을 개선하기 위해서 전 세계적으로 확산되었다. 요컨대 공정무역 운동은 모든 생명체의 연계성과 순환성 및 지속성과 다양성이라는 생태적 가치관을 토대로 공정한 거래를 삶의 원칙으로 하는 풀뿌리 운동이며, 지구촌이 하나의 세계라는 인식을 보급하고자 하는 세계적인 시민운동이다.

이 글에서는 지속 가능한 발전과 공정한 사회를 위해서 다양한 방법으로 공정무역 운동을 펼치고 있는 오스트리아 공정무역 운동에 대해서 살펴볼 것이다. 오스트리아를 택한 이유는 오스트리아가 시민 중심의 공정무역 운동을 가장 활발하게 전개하고 있는 국가 중의 한 나라이기 때문이다. 인구 850만 명의 조그만 나라 오스트리아에는 200곳 이상의 마을과 도시가 ≪국제공정무역마을≫과 ≪국제공정무역도시≫로 지정되어 있고, 오스트리아 시민들의 92% 이상이 공정무역 인증마크를 알고 있으며, 84% 이상이 공정무역제품을 신뢰하고 있다. 이는 그만큼 공정무역 운동이 효과를 보고 있다는 의미일 것이다.

특히 오스트리아는 시민들의 원전 설립 반대운동으로 인해 대부분의 나라가 가지고 있는 원자력발전소를 전혀 설립하지 않았으며, 생물종의 다양성과 생태계의 순환 체계를 보호하기 위해서 시민들이 기금을 모아 정부의 간척사업 선정지역을 매입할 정도로 시민의식이 높은 나라이다. 이런 높은 시민의식 덕분에 오스트리아는 생태계 보호와 유지를 위해서 가장 많은 예산을 편성하는 국가에 속하는 나라이기도 하다. 따라서 오스트리아에서는 공정무역 운동이라는 캠페인하에 그 지역에 속하는 학교와 직장 및 각종 사업체와 교회와 병원 또는 결혼식장과 가게와 일반가정 등이 공정무역상품을 사용하고 있다.

이 글은 오스트리아 시민단체의 공정무역 활성화를 위한 전략과 현황 및 공정무역 운동의 성과 등을 세밀하게 살펴봄으로써 세계적인 시민운동에 동참하고자 노력하고 있는 우리나라의 공정무역 운동의 확산에 기여하고, 자신이 무심코 사용하는 물품들이 지구촌의 생태계와 개발도상국의 사람들과 어떤 연계성이 있는지에 대한 인식을 높이는 데 도움이 되고자 하는 데 목표가 있다.*

2. 오스트리아 공정무역 운동의 탄생과 정치·사회 운동으로의 발전과정

오스트리아의 공정무역 운동은 이웃 나라 독일과 마찬가지로 ≪가톨릭 청소년 노동자단체≫에 의해서 시작되었다. 이 단체는

---

* 이 글은 독일어문학 83집(2018.12.)에 실린 글을 수정 및 보완하였다.

1972년 공정무역 가게들을 견학하기 위해 네덜란드로 수학여행을 갔고, 오스트리아에 공정무역을 정착시키기 위해서 이 가게와 지속적으로 협업하기로 합의하였다. 하지만 처음에는 협업을 위한 대화가 수월하지 않았다. 그 이유는 오스트리아 교회단체들의 재정이 충분치 않았고 공정무역상품을 저장하기 위한 창고나 수송하기 위한 운하와 같은 기본 인프라가 부족했기 때문이다. 그뿐만 아니라 공정무역상품의 시장화를 위한 시스템이 체계화되지 않았으며 소비자들에게 어떻게 홍보할 것인가에 대한 합의도 이루어지지 않았었다.

하지만 꾸준한 노력 끝에 1975년 잘츠부르크 근교 쾨스텐도르프에 공정무역 수입기구 ≪제3세계와의 발전협업회사≫가 설립되었다. ≪제3세계와의 발전협업회사≫는 법적으로는 100% 네덜란드 저개발지역지원기구 SOS의 자매회사였으며 SOS가 재정의 98%를 담당했다.[8] 당시는 무엇보다 소비자가 생산자에 대한 연대감을 가져야 했기 때문에, ≪제3세계와의 발전협업회사≫는 소비자들에게 공정무역에 대하여 홍보하는 일을 최우선 목표로 삼았다. 동시에 기존의 생활방식을 포기하고 합당하고 단순한 생활방식으로 유도하기 위한 홍보를 하였다.

그 결과 ≪제3세계와의 발전협업회사≫는 1983년 네덜란드의 SOS로부터 독립하여 오스트리아 내의 단체들인 ≪제3세계 활동≫, ≪오스트리아 상부지역 가톨릭남성연대≫, ≪오스트리아 발전봉사대≫, ≪잘츠부르크 가톨릭 남성단체≫와 동업을 시작할 수 있게 되었다. ≪제3세계와의 발전협업회사≫는 현재 오스트리아 최대 공

---

8) 이 명칭은 Steun Ontwikkelings Streken의 약자이다.

정무역수입기구로 아프리카, 아시아, 남아메리카, 극동 지역의 50개국 이상의 나라에 소재하고 있는 140곳의 기구들과 파트너 관계를 맺고서 생필품, 수공업제품, 옷, 천연화장품 등을 수입하고 있다.

또한 ≪제3세계와의 발전협업회사≫는 사시사철 한곳에서 공정무역상품을 판매·교환하고 공정무역 관련 행사를 개최할 수 있는 장소가 필요하다는 결정을 내리고 <공정무역 가게>를 형성하는 데 주도적인 역할을 하였다. <공정무역 가게>는 우리나라의 <아름다운 가게>처럼 사회적 기업이다. 수입의 대부분은 직접 지구촌 남쪽의 파트너들에게 보내지고, 그 파트너는 아프리카, 아시아, 남미의 작은 규모의 수공업자와 농민, 플랜테이션 노동자들이다. <공정무역 가게>는 상품 판매 외에 공정무역에 대한 교육과 캠페인 및 "공정무역 가게의 날" 행사를 담당하고 있다. 최초의 <공정무역가게>는 1977년 인스브루크에 문을 열었으며 1990년대 중반부터 활성화되었다. 오늘날은 오스트리아 전 지역에 90개 이상의 <공정무역가게>가 있다.

1980년대부터 오스트리아 공정무역 운동은 정치적 관점의 캠페인을 통해 전국적으로 확산되어 갔다. 예컨대 국제적 연대감을 강조한 "굶주림은 운명이 아니다", "비판적 구매" 등이 당시 공정무역 운동의 주제였다. 이 주제는 오늘날도 여전히 중요한 항목이다.

1990년대에는 네덜란드의 막스 하벨라르 인증 제도와 독일의 트랜스 페어 인증기구의 영향을 받아 트랜스 페어 인증기구가 설립되었다. 즉 1993년에 오스트리아의 11개 단체를 대표하는 공정무역기구로서 ≪페어트레이드-오스트리아 협회≫가 설립되었다. 이 협회는 2000년대 초 국제적 기준에 맞추기 위해서 ≪페어트레이드-

오스트리아≫로 개칭되었다.

≪페어트레이드-오스트리아≫는 이익 추구 협회가 아니며 정당과 종교를 초월해 있다. 따라서 자체적으로 상품을 판매하지 않고 상품들이 정해진 기준에 따라 생산되었음을 보증하는 공정무역인증마크만을 부여하고 있다. 정해진 기준이란 노동법에 따른 노동기준, 어린이 노동 금지, 강제노동 금지, 생산비용과 생계유지비용, 유기농법과 지속 가능한 경작농법과 같은 생태적 기준을 지킬 수 있도록 하는 사회적 조건들이 속한다.

공정무역상품의 판매는 1990년대까지는 저조한 편이었다. 대형 슈퍼마켓들이 공정무역상품에 관심을 보이지 않았기 때문이다. 하지만 2000년대부터는 오스트리아에서 공정무역상품 판매량이 급격히 상승했으며, 공정무역 인증 상품들을 대중들이 인지하기 시작했다. 그 이유는 공정무역의 활성화를 위해서 국가가 적극적으로 나섰기 때문이다. 2000년 12월 국회에서 모든 정당의 동의하에 "공정무역 활동"에 대한 결의안이 체결되었다. 이로써 공정무역은 국가적인 이슈가 되었고, 이후 지역공동체와 직장, 학교 등 범지역적으로 공정무역 운동이 일어나면서 공정무역은 빠르게 성장했다.

2002년 공정무역인증 상품의 수입이 133,000유로에서 2011년 1,300,000유로로 10배 상승했다. 공정무역 인증에 대한 소비자들의 인지 비율은 2002년 38%에서 2011년 85%로 상승했다. 이 시기 동안에 공정무역인증상품은 60종목에서 750종목으로 상승했다. 2017년에는 130곳의 공정무역 승인 파트너가 1,900종의 상품을 제공했다.

이처럼 오스트리아 공정무역상품에 대한 시민들의 인지 비율이

높고 다소 비쌈에도 공정무역상품을 선호하는 데에는 ≪페어트레이드-오스트리아≫가 공정무역을 전 시민의 사회운동으로 확대하기 위해 다양한 전략들을 사용했기 때문이다.

3. 오스트리아 공정무역 운동의 활성화 전략

≪페어트레이드-오스트리아≫는 공정무역제도와 공정무역상품을 전국에 알리기 위해서 여러 방법을 사용하였다. 특히 외무부와 연계함으로써 정치운동이자 사회운동으로 발전시켰으며, 외무부의 힘을 빌려 ≪트리미디어 연구소≫에 의해 공정무역상품의 소비실태를 정확히 조사하게 하였다. 이는 공정무역을 활성화하기 위한 전략을 더욱 면밀하게 세우기 위한 방안이었다. ≪페어트레이드-오스트리아≫의 2016년까지 활성화 전략은 『연례 보고서』와 소비자와 판매자를 위한 『뉴스레터』의 발간과 TV와 영화관 및 거리 스크린을 통한 숏 광고 등이었으나, 2016년부터는 소셜 미디어와 인터넷이 적극적으로 활용되고 있다. 또한 TV와 영화관 및 거리의 디지털 스크린을 통한 공정무역에 대한 광고는 매달 주제를 정하여 여러 매체를 활용하여 홍보하고 있다. 국가가 적극적으로 개입하여 공정무역 운동을 지원하고 있는 만큼 기업들의 광고 스폰이 급격히 늘어나고 있기 때문이다. 따라서 홍보영상에는 스폰 기업들이 제공되고 있으며, 이 기업들은 지구촌의 지속 가능한 발전에 기여하는 기업이라는 명예를 얻고 있다.

3.1. 인쇄매체를 활용한 홍보

1993년 설립된 ≪페어트레이드-오스트리아≫는 1995년부터 『연례 보고서』를 발간했다. 『연례 보고서』에는 점점 확장되어 가는 국제공정무역 상황과 공정무역승인 파트너들, 그리고 공정무역 인증 마크와 판매처 및 재정 상태에 대한 정보가 담겨 있다. 하지만 설립 초기부터 지금까지 보고서의 전면에는 언제나 공정무역이 무엇인지 또 공정무역의 필요성에 대하여 설명되어 있다. 동시에 공정무역이 더욱 활성화되기 위해서는 정치적 책임이 촉구되어야 한다고 강조되어 있다. 즉 ≪페어트레이드-오스트리아≫는 『연례 보고서』를 통해 공정무역이 지속 가능한 발전을 의미하기에 경제 및 무역시스템에서 주류가 되어야 한다고 자신들의 목표와 발전 방향을 제시하고 있다고 할 수 있다.

≪페어트레이드-오스트리아≫는 『연례 보고서』 외에 『뉴스레터』를 발행하고 있다. 『뉴스레터』는 소비자, 사업자, 공동체 등으로 구분하여 구독자의 목적에 맞게 제작·발송되고 있으며, 공정무역의 성과와 국내외 현황, 새로운 상품과 새로운 파트너 등에 대해서 간단히 보고하는 내용으로 되어 있다.

2017년부터는 『공정무역신문』, 소비자들에게 상품과 구입처를 소개하는 상품안내 책자와 커피, 바나나 등 상품별 안내 책자, 공정한 웨딩에 대한 정보를 제공하는 『공정한 웨딩 신문』을 발행하고 있으며, 공정무역에 대한 정보를 한눈에 볼 수 있도록 정리한 전단지를 거리가판대에 비치하고 있다. 이 인쇄물들은 재활용 용지를 사용하여 지구촌의 생태와 지속성을 강조하고 있다.

인쇄물의 발간은 ≪페어트레이드-오스트리아≫가 모두 책임지고 있으며, 2002년부터는 편집부가 맡아서 발간하고 있다. 사진들도 전문사진가에 의해서 작업되고 있다. 이는 그만큼 ≪페어트레이드-오스트리아≫의 조직이 체계화되어 갔음을 의미한다. ≪페어트레이드-오스트리아≫는 인쇄 매체들의 구독을 원하는 사람들에게 무료로 배송하고 있으며 공정무역제품취급소에 비치하고 있다. 또 자료 대부분은 온라인의 웹사이트를 통해서 내려받을 수 있게 되어 있다.

3.2. TV와 영화관의 숏 광고를 활용한 홍보

인쇄물과 달리 숏 광고들은 소비자의 직접 계몽을 목표로 한다. 영상화된 숏 광고는 아주 짧은 시간 내에 많은 남녀노소에게 전달될 수 있기 때문이다. TV 숏 광고를 시작한 초기에는 가장 소비가 많은 커피, 바나나, 장미 등에 대한 숏 광고를 통해 주로 공정무역 인증마크를 홍보하는 내용이었다. 예를 들어 공정무역 커피를 홍보했던 2009년의 숏 광고는 이해의 슬로건인 "작은 마크와 함께하는 위대한 행동"을 모토로 제작되었다. 광고 내용은 이러하다. 슈퍼마켓의 커피 진열대 앞에 있는 한 여성이 상품들을 검토하다가 ≪오르가닉≫의 공정무역 커피로 결정한 순간, 광고에서 "작은 마크와 함께하는 위대한 행동"이라는 문구가 번쩍이고 여성은 위를 쳐다보고 웃는다. 또 여성이 카메라 밖으로 사라지자, 페어트레이드 인증마크 아래 "공정무역. 개도국의 사람들에게 더 나은 생활 조건들을 보장한다"라는 문구가 번쩍인다. 마지막에는 개도국과 오스트리아의 공동 작업에 의해 공정무역이 이루어지고 있음을 제시한 장면이 나타난다.

이처럼 숏 광고에서는 소비자를 직접 등장시켜 소비자에게 공정무역상품을 홍보하고 있다. 일상생활에 필요한 식품을 구매하는 데 있어서 이왕이면 작은 마크가 있는 물품을 구매하는 행동이 가난한 나라 사람들에게 더 나은 생활 조건을 보장해 주며 그 행동이 모두의 공동 근거지가 되는 지구촌을 구하는, 그럼으로써 궁극적으로는 '나'의 건강과 생명을 구하는 일이라고 광고는 제시하고 있는 것이다. 그래서 공정무역 커피를 사는 행동은 사소한 듯이 보이지만, "위대한 행동"이라고 광고는 말하고 있고, 이를 깨달은 여성 소비자는 자신의 선택에 만족해한다. 다시 말하면 여성 소비자는 소비 상품에 대한 자신의 결정이 자기 필요와 자기만족에 그치는 것이 아니라 자신이 전혀 알지 못하는 사람들을 도와주는 일이라는 것을 알게 됨으로써 도덕적인 우월함을 느끼게 되는 것이다. 나아가 숏 광고는 마지막에 슈퍼마켓이 자신의 정치적 의사를 표현하는 새로운 장소가 될 수 있음을 제시한다. 즉 일반 시민들의 정치적인 행동이 투표소에서 또는 정책회의 참석에서 또는 공정무역이라는 피켓을 들고 거리에 나와야만 이루어지는 것이 아니라 매일 가는 슈퍼마켓에서 생필품을 구매하는 사소한 행동이 될 수 있음을 광고는 제시하고 있다고 할 수 있다. 다시 말하면 숏 광고는 소비자들의 작은 선택과 행동이 개도국 사람들의 생활조건을 변화시킬 수 있으며 이 행동들이 세계 무역체계를 바꿀 수 있는 정치적인 행동이라고 말하고 있는 것이다.9) 이로써 숏 광고는 소비와 정치적 행동이

---

9) 유럽에서는 이미 1980년대에 영국 정유 업체 《쉘》에 대한 소비자들의 비판과 불매운동을 통해 소비자가 정치와 경제에 미치는 영향력을 알렸다. 당시 《쉘》은 석유저장시설 <브렌트 스파>가 더 이상 쓸모없어지자 이를 폐기한다는 계획을 세웠다. 《쉘》은 환경영향평가를 실시하여 <브렌트 스파>를 심해로 인양한 뒤 폭파해 가라앉히는 방법이 안전하다는 결론을 내리고 영국 정부의 승인을 받았다. 하지만 《그린피스》가 《쉘》의 결정이 환경에 악영향을 줄 것이라고 비판하자, 북유럽 곳곳에서 불매운동이 일어났다. 이때 유럽 시민들은 일상에서 상품을 구매하는 행위가 산업과 무역 및 정치에 미치는 영향력을 확실하게 알게 되었으며 윤리적으로 책임

긴밀한 관계가 있음을 보여준다. 요컨대 소비자 개개인의 소비상품에 대한 선택이 정치적·경제적 과정들에 영향을 미칠 수 있으며, 소비행태의 변화가 정치행동의 변화와 사회적 정의 실천의 변화를 가져올 수 있음을 보여주고 있는 것이다.

TV를 통해서 30초짜리 공정무역 광고를 내보낸 지, 10여 년이 흘러 오스트리아 시민 10명 중 9명이 공정무역을 알고 있는 현재는 더 이상 직접 계몽하는 방식의 광고는 하지 않고 "무엇인가를 바꾸기 위해서 특별히 영향력을 가질 필요도, 플랜테이션 노동자의 노동조건을 개선하기 위해서 농장의 매니저가 될 필요도, 아이를 교육하기 위해서 교사가 될 필요도, 치료를 위해서 의사가 될 필요도 없고 오직 결정만 하면 된다"는 내레이션과 함께 한 여성이 공정무역 커피를 선택하는 장면을 볼 수 있다.

이처럼 시민들을 윤리적 소비로 유도하기 위한 광고는 무엇보다 신뢰성이 필요하기에, ≪페어트레이드-오스트리아≫는 숏 광고 제작업체 선정을 할 때 기업의 윤리성에 대한 평판을 조사하였다. 그 결과에 따라 ≪페어트레이드-오스트리아≫는 전형적인 상업성을 상징하는 대형업체가 아니라 작은 광고업체를 선정하였고, 지금까지 작은 제작업체에 숏 광고를 맡기고 있다.

숏 광고는 2003년부터 외무부의 협조로 제작 방송되었고, 2010년부터는 국제공정무역기구와 협력 작업에 의해서 제작되고 있다.

을 지는 기업의 상품들과 상품의 출처가 투명한 상품들을 선택해야 함을 깨달았다. 그러자 무역 관련 업체들과 기업체들의 공정무역에의 동참이 증가하였다. 나중에 ≪쉘≫이 선택한 방법이 최상의 선택이었다는 것이 밝혀져 ≪그린피스≫가 공식적으로 사과했지만, ≪쉘≫의 이미지 추락은 회복할 수 없었다. 이는 기업의 소비자와의 소통 부재가 어떤 결과를 야기하는지를 보여주는 사례였다.

3.3. 인터넷과 포스터와 디지털스크린 및
소셜 미디어를 활용한 홍보

인쇄매체와 TV와 영화관을 통한 숏 광고 외에 공정무역 운동에 대한 홍보는 인터넷 배너와 포스터를 통해서 이루어지고 있다. 공정무역상품을 알리는 포스터는 2016년부터 배부되었으며 2016년 5월에는 "함께 강해지기"라는 슬로건으로 각 도시의 거리 디지털스크린과 안내 스크린 등 4,500곳에, 2017년 5월에는 "공정한 일"이라는 모토로 빈, 린츠, 잘츠부르크, 티롤 등의 약 4,300곳에 배부되었다. 2018년에는 "당신의 손에 달려 있다"라는 모토의 포스터가 각 지역공동체와 학교에 배포되었다.

2016년부터는 지하철역과 전차와 버스 승강장에 디지털스크린을 설치하여 오가는 사람들과 기다리는 사람들에게 공정무역상품이 홍보되고 있다. 또 2016년부터는 공정무역과 공정무역상품이 박람회와 페이스북 및 트위터와 같은 소셜 미디어를 통해서 보다 적극적으로 홍보되고 있다.

공정무역 활성화 전략을 정리하면 『연례 보고서』와 『뉴스레터』를 비롯한 인쇄매체와 영상을 활용한 숏 광고 및 인터넷과 거리의 디지털스크린을 통한 광고들의 공통점은 누가 그리고 왜 공정무역에 대한 광고를 하는지를 전면에 내세우고 있다. 동시에 이들 사이의 차이점은 대상을 명백히 하고 있다는 점이다.

『연례 보고서』는 소비자를 직접적인 대상으로 하기보다는 공정무역 관련자와 상품판매자들을 대상으로 하고 있으며 <공정무역 가게>들을 확대함으로써 소비자들이 공정무역상품을 접할 기회를 더 많이 만들어주자는 방식으로 접근하고 있다. 반면에 『뉴스레터』

는 공정무역 관련자, 상품판매자, 소비자 등으로 구분하여 발행함으로써 구독자의 욕구를 만족시킬 수 있도록 하고 있다.

TV와 영화관 및 거리의 스크린을 통한 숏 광고들은 소비자들에게 직접 말하고 있는 형식이다. 예를 들어 정치적 행동이 슈퍼마켓에서 이루어질 수 있으며 공정무역상품을 구매하는 개개인의 소비행동이 정치적 행위임을 보여준다. 동시에 개인들이 그룹이 되고 그룹이 사회적 지배 행동으로 될 수 있음을 제시한다. 따라서 소비와 경제와 정치가 서로 연계되어 있고 서로 영향을 미치고 있음을 보여주면서 소비를 재정의한다.

요컨대 인쇄매체와 영상을 이용한 숏 광고는 그 기능을 달리함으로써 판매자뿐 아니라 소비자들이 공정무역에 대해서 호기심을 갖고 공정무역상품을 더 자주 접할 수 있도록 다양한 방안들을 강구하고 있다고 할 수 있다. 이처럼 ≪페어트레이드-오스트리아≫는 외무부 및 공정무역 국제기구와의 협력에 의해 인쇄매체와 미디어 매체를 통해서 공정무역을 오스트리아 전 시민들에게 홍보함으로써 정치적 시민운동으로 성장시켰다. 이에 따라 오스트리아에서는 지역공동체, 학교공동체, 종교공동체, 직장공동체 등 영역별로 공정무역운동이 실행되고 있다.

4. 오스트리아 시민들의
공정무역 운동 동참과 그 현황

4.1. 지역공동체의 공정무역 운동

[그림 1] ≪국제공정무역마을≫ 캠페인 모습

[그림 2] ≪국제공정무역마을≫로 선정되어 기뻐하는 모습

≪국제공정무역마을≫이나 ≪국제공정무역도시≫가 되기 위해서
는 목표와 조건을 갖춰야 한다. 그 목표와 조건은 이러하다.

첫째, 공동체가 공정무역을 인지해야 하고 공정무역 단체에 참여
해야 한다.

둘째, 공동체가 공정무역상품을 쉽게 접할 수 있어야 한다.

셋째, 공정무역에 대한 주민들의 의식을 강화하기 위해 행사들을 조직하고 공동체 자체 출판물과 웹사이트를 통해 공정무역에 대한 정보를 정기적으로 알려야 한다.

이 조건과 목표를 교육하면서 공정무역 제품을 쉽게 접하기 위해서 벌이는 지역별 공정무역운동은 공정무역제품 취급소에서 직접 이루어진다. 오스트리아의 전 지역에서 공정무역제품을 취급하는 곳은 공정무역가게, 바이오제품가게, 건강 식품점, 천연화장품 가게, 슈퍼마켓 등이다. 오스트리아 전 지역에 5,000개 이상의 상점과 1,800개 이상의 카페와 호텔의 레스토랑 및 제과점에서 공정무역상품을 직접 사용하고 판매함으로써 소비자들이 공정무역제품을 접할 기회를 제공하고 있다.

이 중 각 지역에 퍼져서 온전히 공정무역제품만을 취급하고 있는 <공정무역 가게>는 상부조직인 ≪공정무역 가게 사업공동체≫에서 총괄하고 있다. 이 상부조직은 오스트리아에서 최초의 <공정무역가게>가 열린 인스브루크에 1982년 설립되었다. 이 조직은 공정무역제품 수입자들에 대한 회원들의 관심을 대변하고 회원들의 교육 및 공공기관과의 문제 등을 해결하며 <공정무역가게>들이 서로 협력할 수 있도록 이끄는 역할을 한다. 또한 공정무역제품에 찍히는 로고에 드는 비용을 지원하고 있다. <공정무역가게>는 판매처인 만큼 시장을 목표로 하되 합의된 공정한 가격에 판매하고 개도국의 파트너들에게 직접 수익의 일부를 전달함으로써 투명성과 정체성을 유지하는 일 등 공정무역 관계를 관리하는 역할도 한다. 동시에 세계 공정무역기구의 기준들을 따르며 공정무역에 대한 교육과 캠페인도하고 있다. 따라시 《공정무역가게 사업공동체》는 공정무역 아카데미를 설립하여 공정무역에 대한 이론과 실천방안 및 <공정무역가게>에서의 봉사활동 등 다양한 교육을 전문적으로 실시하고 있다. 현재 오스트리아 전국에 90개의 <공정무역가게>가 있다.

위에서 언급했듯이, 각 지역공동체는 주로 <공정무역가게>를 통해 주민들에게 공정무역에 대하여 교육하고 《국제공정무역마을》 또는 《국제공정무역도시》라는 칭호를 얻기 위해서 《국제공정무역마을》의 긍정적인 효과에 대해 홍보한다. 그 효과는 다음과 같다.

첫째, 자신들이 살고 있는 공동체를 넘어서 지구촌의 지속 가능한 발전과 기후 보호에 기여한다.

둘째, 세계에 공정함을 선물한다는 기쁨과 만족감을 갖게 된다.

셋째, 비공정무역 공동체와 차별화를 만들어내고 수준 높은 세계시민 의식을 갖게 된다.

넷째, 공동체 내의 다양한 세대 간의 소통과 화합을 끌어낸다.

다섯째, 주민과 기업 및 조직체 사이의 협력적인 분위기를 만들어내고 페스티벌이나 스포츠행사 및 음악회 등과 같은 다양한 이벤트에서 공정무역 인증이 찍힌 제품들을 사용함으로써 혁신적인 마을임을 입증하게 된다.

이런 긍정적인 결과들로 인해 《국제공정무역마을》은 비교적 안정되어 있고 평화롭다. 현재 오스트리아에는 182곳 이상의 지역공동체가 《국제공정무역마을》 또는 《국제공정무역 도시》라는 칭호를 달고 있다.

4.2. ≪공정무역학교≫ 운동

이웃 나라 독일이 일찍이 학교에서의 교육을 통해 공정무역 운동을 전국으로 확산시킨 것과 달리, 오스트리아 학교에서의 공정무역 교육은 비교적 최근에 일어났다. 오스트리아 학교에서는 공정무역 교육을 2014년 2월에야 문화교육부의 시원으로 시작했기 때문이다. 문화교육부는 유네스코의 "지속 가능한 발전을 위한 교육"이라는 모토를 기본으로 하여 모든 학교가 ≪공정무역학교≫ 운동에 동참해 줄 것을 권장하고 있다. 공정무역교육은 개도국과의 공정한 세계를 위한 토대를 제공하기 때문에 아주 중요한 사회적 요소이다. 특히 공정무역교육은 학교 대신에 일터로 가는 개도국 아동들의 노동을 금지하고 이 아이들을 학교에 보내기 위해서 개도국에 공정한 대가를 지불해야 함을 학생들에게 깨닫게 하는 핵심 요소이다. 공정무역교육이 제대로 이루어지고 있는 학교들에 주어지는 ≪공정무역학교≫는 명예로운 칭호이기 때문에 많은 학교들이 이 칭호를 얻기 위해서 노력하고 있다. ≪공정무역학교≫가 되기 위해서는 다음의 5가지 기준을 준수해야 한다.

첫째, 학교 구성원 5인 이상으로 이루어진 공정무역단체를 구성해야 하고 18세 이상의 대표를 선출해야 하며 단체는 학교장의 동의를 받아야 한다.

둘째, 단체는 공정무역일지를 작성·보관해야 한다. 일지에는 교장이 공정무역단체의 활동을 지원하는 내용, 교내외의 공정무역상품 거래 내역, 공정무역학교 인증마크 획득전략과 지원 방법, 세계시장과 학교 외부 교육기관과의 협력 가능성에 대해서 상세히 기록되어 있어야 한다.

셋째, 최소 두 학년과 두 과목 이상에서 공정무역에 대한 수업을 해야 하고, 수업은 인증을 신청한 학기나 그전 학기에 시행되어야 한다.

넷째, 교내에서 공정무역제품이 판매되어야 하며 교내 구성원들이 최소 두 가지 이상의 공정무역제품을 사용해야 한다.

다섯째, 한 학기에 한 번은 공정무역과 관련된 다양한 행사를 개최해야 하고 이를 홍보해야 한다. 한 학년이나 한 프로젝트 내에서 이루어지는 활동은 인정되지 않는다.

≪공정무역학교≫는 칭호 자체가 주는 명예뿐만 아니라 학교 이미지 향상과 학생들의 소비태도를 바꾸는 계기가 되기 때문에 많은 학교가 ≪공정무역학교≫ 마크를 받기 위해서 준비 중이다.

4.3. 종교계의 공정무역 운동

유럽의 공정무역 운동이 교회의 청소년단체들에서 시작했듯이, 오스트리아도 교회 청소년들이 네덜란드 공정무역 가게들을 견학하고 와서 공정무역 운동을 시작하였다. 따라서 오스트리아의 교회들은 ≪페어트레이드-오스트리아≫의 주요한 협력 파트너이다. 특히 가톨릭 단체 ≪세계의 집 빈≫을 주축으로 오스트리아 종교계의 NGO들은 "교구를 공정하게 전환하기"라는 모토로 생명체에 대하여 책임을 지고 인권을 보호하고 공정한 경제를 위해서 공정무역을 강조하고 있다.

또한 오스트리아의 ≪가톨릭여성운동단체≫는 개도국 여성의 인권과 차별금지를 위해서 노력했고 온두라스와 우간다의 소농 여성 노동자들이 유기농법에 의해 생산한 커피를 시장에 판매할 수 있도록 하였다. 이 활동으로 인하여 2016년 ≪가톨릭여성운동단체≫는 "공정무역상"을 수상하였다.

특히 "종교공동체들은 이웃 사랑을 실천하고 연대감을 독려하는 조직체이기 때문에 공정무역을 정착시키는 데 큰 역할을 할 수 있다"고 종교계 NGO들은 강조하며 전 교구민을 상대로 공정무역상품 사용 캠페인을 벌이고 있다.

4.4. 직장과 결혼식에서의 공정무역 운동

다른 나라들이 주로 지역공동체와 학교교육을 통해서 공정무역 운동을 벌이는 것과 달리, 오스트리아에서의 공정무역 운동은 전방위적으로 일어나고 있다. 특히 직장인들이 공정무역 운동에 참여하고 있는데, 이는 사회적 책임에 동참하는 일이다.

직장인들은 평일에는 일터에서 대부분의 시간을 보내기에, 직장의 공정무역 운동은 오스트리아 사회의 공정무역 운동에 큰 기여를 한다. 이 때문에 ≪페어트레이드-오스트리아≫는 기업체와 연계하여 매일 먹고 마시는 커피와 간식뿐 아니라 기업의 각종 행사와 회의 및 세미나 때에 공정무역 제품을 사용하는 일은 지구촌의 남쪽 농부들과 노동자들의 노동조건과 생활환경 및 생태계의 개선에 도움을 주는 일임을 교육시킨다. 동시에 공정무역상품의 이용은 기업의 이미지를 상승시키고 구성원들에게 자부심을 갖게 하는 일임을 깨닫게 한다.

또한 ≪페어트레이드 오스트리아≫는 녹색 웨딩을 권장하며 결혼식에서 사용되는 의상, 음식, 결혼식장의 장식, 손님 접대용 선물,

신혼여행 등에서 공정하고 가치 있는 제품을 사용하는 일은 양심적이고 자존감을 높이는 행동이라고 계몽한다. 인생의 새 출발점에서 공정무역 인증 제품을 사용하는 일은 결혼 당사자들에게 공정하고 지속 가능한 사회에 기여하고 있다는 기쁨을 주고 행복하고 공정한 상호관계에 대한 상징적인 토대를 갖게 한다고 ≪페어트레이드-오스트리아≫는 강조한다. ≪페어트레이드-오스트리아≫는 매년 결혼할 때 사용되는 모든 물품에 대한 결혼박람회를 계획하고 있다.

이처럼 오스트리아에서는 공정무역을 활성화하기 위해서 시민들, 정치계, 경제계가 모두 협력하였고, 그 결과 10명의 시민 중 9명이 공정무역 인증마크를 알고 있으며 신뢰하고 있다. 이는 그만큼 공정무역 운동이 성과를 보고 있음을 의미할 것이다.

5. 오스트리아 공정무역 운동의 성과

지난 30여 년 동안 ≪페어트레이드 오스트리아≫가 국가의 힘을 빌려 펼친 공정무역 운동은 많은 성과를 냈다. 그 성과를 구체적으로 정리하면 다음과 같다.

첫째, 현재 공정무역 인증마크가 오스트리아에서 가장 유명한 마크가 되었고, 인증마크가 찍힌 상품들은 신뢰받는 상품이 되었다. 오스트리아 시민의 92%가 공정무역을 알고 있고 84% 이상이 공정무역제품을 신뢰하고 사용하고 있기 때문이다. 2017년부터 1,900종 이상의 공정무역상품이 카페, 제과점, 호텔 레스토랑, 매점 등에서 판매되고 있다.

둘째, 공정무역제품 수입들이 개도국의 소농 가족과 플랜테이션 농장의 종사자들에게 삶의 토대를 마련해 주었다. 특히 공정무역 보조금에 의해 여러 프로젝트를 가동할 수 있었으며, 그로 인하여 공동체들의 지속 가능성이 보장되었다.

셋째, ≪국제공정무역마을≫ 또는 ≪국제공정무역도시≫의 주민들은 자신들이 살고 있는 공동체를 넘어서 지구촌의 지속 가능한 발전과 기후 보호에 기여할 뿐만 아니라 수준 높은 세계시민이라는 자긍심을 갖게 되었다.

넷째, 지역공동체들은 페스티벌이나 스포츠 행사 및 음악회 등과 같은 다양한 이벤트에서 공정무역 인증마크가 있는 제품들을 사용함으로써 세계에 공정함을 선물한다는 기쁨과 만족감을 갖게 되고 혁신적인 마을임을 입증하게 되었다.

다섯째, 마을, 직장, 학교, 교회 등의 다양한 공동체에서 공정무역이라는 주제로 여러 세대 간의 소통과 화합을 끌어내고 윤리적인 소비를 하게 되었다.

여섯째, ≪공정무역학교≫의 학생들은 자신의 삶이 지구촌 다른 지역 및 다른 사람들의 삶과 어떻게 연결되어 있으며 불공정한 거래가 다른 지역 사람들의 생활에 어떤 영향을 미치는지 등 세계가 하나라는 인식과 지구촌 문제에 대한 책임 의식을 갖게 되었다.

일곱째, 공정무역기업들은 사회적 책임에 동참함으로써 기업 이미지를 쇄신하고, 그 구성원들은 자긍심을 갖게 되었다.

여덟째, 녹색웨딩을 한 커플들은 지속 가능한 사회에 기여하고 공정한 상호관계라는 상징적인 토대에서 출발한다는 데에 대한 자부심과 기쁨을 갖게 되었다.

이처럼 오스트리아 시민들의 공정무역운동은 여러 긍정적인 효과를 가져왔다.

6. 오스트리아 공정무역 운동의 시사점

이상에서 살펴본 바와 같이 공정무역 운동은 개도국, 특히 기후변화와 지구촌 남쪽의 가난과 차별에 저항하는 전 지구적인 시민운동이며, 일상에서 직접 공정무역제품을 사용하는 행동을 통해 세상을 바꾸는 일에 동참하는 사회운동이다.

오스트리아는 이 운동에 가장 적극적으로 참여하는 국가 중의 한 나라이다. 1993년에 설립된 공정무역인증기구 ≪페어트레이드-오스트리아≫는 1990년대에는 큰 주목을 받지 못했지만, 2000년 국회에서 "공정무역 활동"을 의결하고 공적 지원들이 강화됨으로써 공정무역이 급격히 확산되었다. 정부의 적극적인 지원에 힘입어 ≪페어트레이드-오스트리아≫는 『뉴스레터』, 『공정무역신문』, 『연례 보고서』, 각종 공정무역제품에 대한 소개 책자, 공정무역제품을 활용한 요리법 책자를 무료로 배부하고 전단지를 거리에 비치하였다. 동시에 TV와 영화관 및 전철과 거리의 디지털스크린을 통해 공정무역과 공정무역제품을 시각적으로 광고하였다. 또한 "공정한 주"와 "세계 공정무역의 날"이나 "어머니의 날", "여성의 날", 크리스마스 등의 기념일에 공정무역제품에 대한 행사를 펼쳤다. 그뿐 아니라 ≪국제공정무역마을≫, ≪국제공정무역도시≫, ≪공정무역학교≫, ≪공정무역교회≫ 등 각 공동체가 공정무역인증 마크를 획득함으로써 지속 가능하고 공정하며 혁신적인 공동체라는 자긍심을 갖게 했다. 나아가 결혼식에서도 공정무역제품을 사용함으로써 지구촌에 공정함을 선물하고 공정한 토대 위에서 새로운 출발을 한다는 기쁨을 갖는 녹색웨딩을 권장하였다. 무엇보다 사회적 기업인 <공정무역가게>와 바이오제품 가게, 천연화장품 가게뿐만 아니라 동네 슈퍼마켓에서도 공정무역제품을 취급함으로써 시민들이 장소와 시간을 불문하고 일상에서 쉽게 공정부역제품을 접할 수 있게 하였다. 그 결과 현재 오스트리아 시민 90% 이상이 공정무역 마크를 인지하고 있으며, 84% 이상이 공정무역제품을 신뢰하고 사용하고 있다.

이처럼 사시사철 오스트리아 전국에서 펼쳐진 다양한 활동들은 ≪국제공정무역마을≫이나 ≪국제공정무역도시≫가 되기 위해서 노력하고 있는 우리나라에 시사하는 바가 크다. 이를 정리해 보면 이러하다.

첫째, 공적 지원이 더욱 강화되어야 한다. 서울특별시, 인천시, 부천시처럼 각 지자체가 공정무역 운동에 더욱 적극적으로 앞장서야 하며, 공정무역제품에 대한 관세를 인하하거나 사회적 기업들에 대하여 지원하는 등 중앙정부 부처가 공정무역을 강력히 지원해 주어야 한다. ≪국제공정무역마을≫과 ≪국제공정무역도시≫들의 증가는 궁극적으로 국가 이미지 향상에 기여할 것이다.

둘째, TV나 영화관에서 공정무역에 관한 짧은 공영광고를 함으로써 국민이 공정무역이라는 용어를 쉽게 접할 수 있도록 해야 한다.

셋째, 전철역과 버스정류장 및 도심에 있는 디지털스크린을 통해서 공정무역 인증마크가 있는 상품들을 홍보함으로써 시민들이 쉽게 공정무역 인증마크를 인지하게 해야 한다.

넷째, 초・중・고등학교에서 각 연령에 적합하게 공정무역을 교육함으로써 하나의 지구촌에 대한 책임 의식을 갖게 하고, 학교와 가정에서 공정무역제품을 사용하도록 유도해야 한다. 이를 습관화한 학생들은 장차 사회에 나가서도 공정무역제품을 사용하게 될 것이다.

다섯째, 생태관광 시에 공정무역 인증 생산지를 둘러보는 프로그램을 개발하여 구매자가 실제로 생산지의 유기농법과 생산과정 등을 경험함으로써 생산자와의 협력을 강화하고 지구촌 문제에 관심을 갖게 해야 한다.

여섯째, 공정무역제품을 쉽게 구입할 수 있어야 한다. 현재 우리나라에서 공정무역제품을 취급하는 곳은 ≪아름다운 가게≫, ≪두레 생협≫, ≪한국 YMCA≫, ≪㈜페어트레이드코리아≫, ≪한국공정무역연합≫, ≪아이쿱 iCOOP 생협연합회≫, ≪공정무역센터≫ 등이다. 실제로 시민들이 자신의 주변에서 공정무역제품을 접할 수 있도록 판매처를 확대해야 한다.

일곱째, 소비자가 필요로 하는 제품을 개발하고 제품의 품질을 소비자 수준에 맞추어야 한다. 오스트리아에서 공정무역제품의 판매가 급증한 것은 공정무역 관련자들의 다양한 홍보 전략에 못지않게 제품의 다양성과 품질 향상을 위해 노력했기 때문이다.

여덟째, 공정무역 『뉴스레터』와 전단지 등을 무료로 배포하거나 도로변 곳곳에 비치하고, 『연례 보고서』를 발간하여 국내외 공정무역 상황에 대하여 알리고 신제품에 대한 정보를 제공해야 한다.

정리하면 오스트리아처럼 공정무역 운동을 활성화하기 위해서는 무엇보다 중앙정부의 적극적인 지지하에 지자체와 기업 및 시민들이 모두 동참하여 개도국의 생산자들과 긴밀한 협력관계를 유지해야 한다는 것이다. 물론 공정무역이 지구촌의 지속 가능한 발전과 공정한 사회를 위한 완벽한 방안이 될 수는 없지만, 개도국 노동자들의 생활환경과 노동조건을 개선하고 차별과 생태계 문제를 해결하는 한 방안이 될 수는 있을 것이다. 따라서 공정무역을 위한 우리나라 국민의 노력은 무엇보다 우리 국민의 의식 개선과 우리 사회의 공정성에 기여할 뿐만 아니라 우리나라의 이미지 향상에 도움이 될 것이다. 나아가 이는 궁극적으로 지구촌의 지속 가능한 발전과 세계시민 연대 의식의 고취에 보탬이 될 것이다.

참고문헌

EZA(Hg.)(2000): Aktion "Fairer Handel" im Parlament vorgestellt. 06.12. (https://derstandard.at/410794/Aktion-Fairer-Handel-im-Parlament- vorgestellt).

Fairer Handel(Hg.): Entwicklung des fairen Handels im deutschen Sprachraum. **Geschichte** (https://de.wikipedia.org/wiki/Entwicklung_des_ fairen_ Handels_im_deutschen_Sprachraum).

FAIRTRADE Österreich(Hg.): **25 Jahre Fairtrade** Österreich. Es liegt in deiner Hand (https://www.fairtradeat/fileadmin/AT/Materialien/ FAIRTRADE_Jahresbericht_09_10.pdf).

FAIRTRADE Österreich(Hg.): **Chronik:** Die wichtigen Meilenstein des Fairen Handels in .Oesterreich (https://www.fairtrade.at/fairtrade ⁻oesterreich/ geschichte.html).

FAIRTRADE-Österreich(Hg.)(2017): **Fakten und Zahlen.** (https://www.fairt rade.at/fileadmin/AT/Materialien/2017_Fairtrade_Oesterreich_JB_Zahle n.pdf).

FAIRTRADE Österreich(Hg.): Hochzeit (https://www.hochzeit-brautinfo.at/ hochzeitsmesse).

Fairtrade Österreich (Hg.)(2009): Jahres Bericht.

FAIRTRADE Österreich(Hg.)(2018): **Marketingkampagne** (https://www. fairt rade.at/unternehmen/service/marketingkampagnen.html).

FAIRTRADE Österreich(Hg.)(2016/2017): **Marketingkampage** (www.fairtrade. at/unternehmen.html).

FAIRTRADE Österreich(Hg.): **Materialien** (http://.fairtrade.at/newsroom/ ma terialien.htmlrade-Standards).

FAIRTRADE Österreich(Hg.)(2018): **Schools.** Die fünf Kriterien. (https://ww w.fairtrade-schools.at).

FLO: Fairtrade Labelling Organizations International e. V. (https://enwikipe dia.org/wiki/Fairtrade_Labelling_Organizations_International).

Hauff, Volker(Hg.)(1987): Unsere gemeinsame Zukunft. Der Brundtland-

Bericht der Weltkommission für Umwelt und Entwicklung. Greven.

Weltladen(Hg.): Geschichte (https://de.wikipedia.org/wiki/Weltladen).

Wheeler, Kathryn(2012): Change Today, Choose Fairtrade. Fairtrade Fortnight and the citizen-consumer. In: Cultural Studies(26/4), 492-515.

제6장

지속 가능한 지구촌을 위한 독일의 공정무역 교육

사지원(건국대학교 문화콘텐츠학과 교수/
생태기반사회연구소 소장)

1. 들어가는 말

산업사회가 초래한 생태계 훼손으로 인하여 지구촌의 이상기온, 대기 및 수질오염, 식량 및 종자전쟁, 유전자 변형 등 여러 문제에 직면하자, 다양한 해결 방안이 나오고 관련 글이 쏟아지고 있다. 그러나 우리의 실제 행동 없이는 어떤 훌륭한 내용의 그럴싸한 문구도 훈계도 이 지구의 생태 살리기에는 전혀 도움이 되지 않는다. 생태사회 조성을 위해서 가장 필요한 것은 우리의 의식 변화에 의한 실천 의지이기 때문이다. 이런 의미에서 교육은 매우 중요하다. 교육은 인간을 계몽하고 개인의 사회적 능력을 배양하는 역할을 한다. 그래서 1992년 178개 국가가 모인 제2차 유엔인간환경회의에서는 '지속 가능한 발전'이라는 용어를 강조하면서 이의 교육을 선포하였다.

'지속 가능한 발전'이란 1987년 환경과 개발을 위한 세계위원회 WCED에서 노르웨이의 수상 브룬트란트가 언급한 용어로 미래세대의 삶의 기반이 되는 자연과 자연자원을 보장하면서도 현재의 발전을 꾀하는 것을 뜻한다. 이후 각국은 지속 가능한 발전이라는 용어를 토대로 여러 정책을 수립하였다. 특히 지속 가능한 지구촌이 되는 데 가장 앞장서고 있는 국가이며 녹색당이 성공한 유일한 나라 독일은 지속 가능한 발전이라는 개념을 교육에 적용하여 '지속 가능한 발전을 위한 교육'을 실시하고 있다. 이는 지구촌의 지속적인 발전이 가능하도록 다각도로 사고하는 능력, 참여하고 연대하는 능력, 문제해결 능력, 다학문에 대한 능력 등을 육성하는 통합교육을 의미하며 인간중심주의, 남성중심주의, 성과지향주의, 소비지향주의 등과 같은 기존 가치를 벗어나 다양성·상호연계성·지속성 등과 같은 생태적 가치를 추구하는 교육을 말한다.

'지속 가능한 발전을 위한 교육'의 한 방안으로 독일 문화부는 유네스코와 연계하여 '공정무역 학교'라는 제도를 운영하고 있다. 이는 학교와 교사 및 학생들이 사용하는 모든 물품을 공정무역 제품을 사용하는 학교에 공정무역 인증마크를 부여하고 "공정무역학교"라고 칭하는 제도이다. 공정무역학교 학생들은 학교에서 공정무역에 대해서 이론으로 배우면서 공정무역제품을 직접 사용하고 있다. 동시에 이들은 가정과 지역사회에 공정무역에 대해서 알리고 그 제품을 보급하는 가장 좋은 매개자 역할을 하고 있다. 그러니까 독일은 기존의 사고와 생활 습관을 전환할 수 있는 가장 좋은 수단인 교육을 통해 공정무역을 사회 저변에 스며들게 하는 방식을 취하고 있는 것이다. 또 그럼으로써 세계시민연대 의식을 함양하고 지속 가능한 지구촌이 되도록 힘쓰고 있다고 할 수 있다.

따라서 이 글에서는 독일 학교에서 공정무역 교육이 어떻게 이루어지고 있으며 교육의 결과들을 사회에 어떤 방식으로 보급하고 공정무역제품 사용을 확대하고 있는지를 알아보고자 한다.*

---

* 이 글은 독일어문학 80집(2018.03.)에 실린 글을 수정·보완하였음.

2. '지속 가능한 발전을 위한 교육'의
한 방안으로써의 공정무역 교육

독일 정부는 1992년 리우회의 이후 '지속 가능한 발전'이라는 개념을 모든 영역의 정책 결정의 토대로 삼았고 국제적·국가적·지역적 차원의 아젠다 21의 실천을 목표로 하였다. 이에 따라 1997년 연방정부는 '인간은 생활양식과 생산행위를 통하여 스스로 자연의 기반을 무너뜨리는 위기에 이르렀으므로 미래세대가 필요로 하는 지속 가능한 발전의 조건들을 만들어야 하며 이를 위해서는 사회와 경제 체제의 변화가 필요하다'는 보고서를 발표하였다. 당시 교육 분야에서도 주 자체적으로 이루어지고 있던 교육체제를 상호연계성 있는 협력체제로 전환하여 지속 가능한 발전을 위한 토대를 형성해야 한다는 내용을 결의했고, 연방 교육연구부 산하의 <교육 플랜과 연구진흥을 위한 연방-주-위원회>는 지속 가능한 발전을 위한 교육에 대한 방향을 발표했다. 이 안의 핵심은 지속 가능한 발전을 위한 교육은 총체적으로 사유하고 공생정신을 함양하는 통합교육방식으로 이루어져야 한다는 것이었다. <연방-주-위원회>가 수립한 통합적인 프로그램은 문제가 생길 때마다 해결책을 찾는 것이 아니라 생태적·경제적·사회적 관계들을 미리 예측하고 고려하여 그에 걸맞게 행동하도록 다양한 능력을 습득게 하는 교육이다. 즉 한 주제를 가지고 여러 과목을 동시에 학습함으로써 그 주제에 대하여 확실하게 각인하는 학습 방법이며 프로젝트 수업을 의미한다. 만약 "공정무역"에 관하여 학습한다면, 단순히 경제 과목에서만 이 주제를 다루는 것이 아니라 관련된 정치, 경제, 사회, 지리, 역사, 화학,

생물 등 여러 과목에 걸쳐 종합적으로 학습한다는 의미이다. 예를 들어 학습주제가 '제3세계에서 생산되는 면화'라면 생물과 화학 과목에서는 면화의 성장조건, 땅, 물, 공기의 영향관계, 면직물 생산 시의 유해물질 발생과 화학적 변화과정에서 노동자의 건강에 미치는 영향에 대해서, 정치와 사회 및 경제 과목에서는 생산국의 노동조건, 생산품의 가격과 유통체계 및 무역에 대해서, 윤리 과목에서는 글로벌한 세계에서 산업국가와 저개발국가 사이의 영향관계와 거대기술에 의한 대량생산과 대량소비, 유행과 소비 태도, 공정무역가게에 대해서, 지리와 역사 과목에서는 생산국의 지리적 조건과 기후 및 면화재배와 면직물의 역사와 노동자들의 생활상, 세계 시민의식 등에 대해서 학습한다.

이처럼 여러 과목의 통합학습을 통해 지속 가능한 생산과 소비, 장시간의 노동시간과 저임금으로 인한 제3세계 노동자들의 고통, 옷을 염색하고 생산하는 과정에서 발생하는 오폐수와 유해 물질들이 제3세계 노동자들의 건강에 미치는 영향, 산업 국가들의 생활양식과 소비 태도가 제3세계의 사람들에게 미치는 영향, 하나의 지구촌과 세계 시민의식의 의미 등에 대해서 지속적으로 질문을 던지면서 사고하게 한다. 이후 학생들은 학습한 내용을 연극으로 꾸며 공연을 하고 자신들이 직접 공정무역제품을 사용할 뿐 아니라 공정무역제품 사용 캠페인을 벌인다.

이처럼 독일의 교육과정은 '지속 가능한 발전을 위한 교육'이라는 모토하에 하나의 주제에 대해 여러 과목을 서로 연계하여 통합적으로 학습함으로써 지구적으로 사고하고 지역적으로 행동하는 능력을 기르도록 하고 있다.

요컨대 광범위하게 의식 전환이 이루어지지 않고는 지속 가능한 발전이 가능하지 않기 때문에, 독일에서는 '지속 가능한' 개념을 이론을 넘어서 학생들의 일상생활에 스며들도록 하는 방식으로 교육이 이루어지고 있다. 따라서 공정무역에 대한 교육도 체득하는 방식으로 행해지고 있는 것이다. 그러면 실제로 독일 학교에서 이루어지고 있는 공정무역 교육의 실태를 구체적으로 살펴보도록 하자.

[그림 1] 공정무역학교 캠페인 모습

3. 독일 학교들의 공정무역 교육

3.1. 청소년에 의해 탄생한 공정무역 운동과 학교들의 동참

독일의 공정무역 운동은 1960년대 말 힐데스하임 지역의 신·구교 공동그룹의 청소년들에 의해서 시작되었다. 당시 이들은 ≪저개발국 원조를 위한 전 교회의 작업공동체≫를 결성하였고, 지구촌의 남북문제에 몰두하면서 바자회에서 남미의 수공예품을 직수입하여 판매하였다. 이들이 개도국에 관심을 갖게 된 계기는 "산업국가들이 저개발국가들의 생산품에 대한 정당한 가격을 지불하기만 해도 그 자체로서 그들은 자신들의 지원과 원조계획을 유지할 수 있을 것"[1]이라고 강조한 브라질의 돔 헬더 카마라 주교의 연설에 자극을 받아서였다.

1970년에는 ≪신·구 교회 청소년단체≫와 ≪신교 청소년 작업공동체≫ 및 ≪독일가톨릭청소년연합≫에 의해 ≪액션 제3세계무역≫이 설립되었다. 같은 해에 이들은 70개의 도시에서 "기아퇴치행진"을 벌이고 "무역을 통한 학습"이라는 모토로 제3세계 문제에 대한 정보를 제공하면서 네덜란드의 ≪저개발지역지원기구 SOS≫[2]와 연계하여 상품들을 수입하였다.

1972년 6월 ≪저개발국 원조를 위한 전 교회의 작업공동체≫는 ≪엘 푸엔테≫로 개칭하고 규모를 확장하였다. 1973년에는 독일에 네덜란드 SOS의 자회사 ≪제3세계와의 무역협회≫가 설립되었다. 이후 ≪액션 제3세계무역≫, ≪엘 푸엔테≫와 ≪제3세계와의 무역협회≫가 독일에서 가장 큰 공정무역상품 수입단체가 되었다.

1970년대에 이들이 벌인 가장 괄목할 만한 활동은 "플라스틱 대신에 황마"라는 슬로건으로 제3세계문제와 환경문제를 해결하고 대안생활 양식을 추구하는 '에코백 운동'이다.

하지만 공정무역이라는 개념이 독일 사회에 자리를 잡게 된 계기는 1992년 공정무역 인증기구인 ≪트랜스페어-제3세계와의 공정한 무역 촉진을 위한 협회≫(이하 ≪트랜스페어≫로 약칭)가 쾰른에 설립되면서부터이다. 이 기구는 독립적인 단체로 무역시장 참여자에게 공정무역기준을 준수했는지를 심사하여 공정무역 인장을 수여했다. 그해에 30개의 단체가 가입했으며, 이 협회는 지금도 지구촌

---

1) Markus Raschcke, 2013, p.37.
2) SOS는 Steun Onderontwikkelings Streken의 약자임.

이 하나의 세계임을 알리기 위해 노력하고 있다.

공정무역협회는 매년 공정무역회의와 '공정무역 주' 행사를 개최하고 공정무역 운동에 적극적으로 참여하는 단체에 시상을 하고 있으며, 2009년부터는 공정무역을 위해서 노력하는 도시, 마을, 학교 등에 공정무역 마크를 수여하는 공정무역인증제를 실시하고 있다. 이 역시 공정무역제품 이용을 증진시킴으로써 제3세계 노동자들의 노동조건과 생활수준을 개선시키고자 하는 공정무역 운동의 일환으로 행해지고 있다고 할 수 있다. 또한 협회는 공정무역을 통해 지속 가능한 지구촌 내지는 지속 가능한 사회가 유지되도록 하는 데 기여하고 있다. 그렇기 때문에 보다 나은 미래와 지구촌을 위해서 교육기관인 학교들이 공정무역학교 캠페인을 벌이며 공정무역 운동에 동참하기 시작했다. 따라서 공정무역 캠페인은 "지속 가능한 발전을 위한 교육. 유네스코-10년 프로젝트"에 해당한다. 22년 초반 기준으로 800개 이상의 학교가 "공정무역학교" 마크를 받았다.

그러면 공정무역학교 인증제와 교육프로그램에 대해서 세밀히 알아보도록 하자.

3.2. '공정무역학교' 인증제와 캠페인을 통한 공정무역 교육

앞서 언급했듯이, "지속 가능한 발전을 위한 교육"의 한 방안으로 실행되고 있는 공정무역 교육은 공정무역협회와 독일 유네스코 위원회와 연계하여 이루어지고 있으며 "공정무역학교" 인증제, 즉 깨끗하고 공정한 학교라는 명예를 수여하는 방식을 통해 독일 전국의 학교로 확대되고 있다. 동시에 공정무역학교의 학생들을 통해 공정무역제품 사용을 가정과 지역사회로 확대하기 위해 다양한 캠페인을 벌이고 있다. 예컨대 "2015-2019 유네스코-세계 활동프로그램"에 대한 회의에서는 "공정한 학급-공정무역의 학급"이라는 슬로건이 제시되었다. 이처럼 학교보다 학급 차원의 슬로건을 내세운 이유는 보다 많은 학교들과 시민들의 참여를 장려하기 위해서이다. 즉 이제는 큰 단위가 아니라 작은 하위 단위를 직접 공략하여 창조적이고 혁신적으로 홍보하고 경쟁시킴으로써 아래로부터의 보다 큰 변화를 이끌고자 하는 전략을 사용하고 있다고 할 수 있다.

3.2.1. '공정무역학교' 인증획득과정과 심사기준

'공정무역학교'는 초등학교, 실업학교, 직업학교, 김나지움, 대학교까지 모든 형태의 학교가 신청할 수 있다. 이 제도는 신청학교가 2년 동안 5가지 심사기준에 맞춰 활동을 하면, 공정무역협회가 2년의 활동을 심사하여 마지막에 '공정무역학교' 마크를 수여하는 방식으로 되어 있다. 그 자격 기준을 좀 더 자세히 살펴보면 이러하다.

첫째, 교사, 학생, 학부모 등 최소 5인 이상으로 이루어진 공정무역 팀을 구성하여야 하며, 이 팀은 학교장의 동의를 받아야 한다. 또 이 팀은 18세 이상의 대표를 선출해야 하며, 대표는 명부작성 시에 실사 신청날짜를 기입해야 하고 공정무역의 파트너가 되어야 한다. 공정무역 팀은 최소 6개월에 한 번은 전 회원이 참석한 전체 회의를 개최해야 한다.

둘째, '공정무역-나침반'이라고 불리는 일지를 작성·보관해야 한다. 나침반에는 교장이나 학교 대표가 공정무역 팀의 활동을 지원하는 내용, 교내외에서 공정하게 거래된 상품의 내역, 공정무역 지원 방법, '공정무역학교' 인증을 획득하기 위한 전략, 공정무역에 대한 세계시장과 학교 외부 교육기관과의 협력 가능성 등에 대한 내용이 상세히 기록되어 있어야 한다. 나침반은 교장이나 학교 대표의 자필서명이 있어야 하며 공개되어야 한다.

셋째, 교무실, 매점, 식당 등에서 공정무역제품이 판매되어야 하며 교사와 학생들이 최소 두 가시 이상의 공정무역제품을 사용해야 한다.

넷째, 최소 두 학년과 두 과목 이상에서 공정무역에 대해 학습이 이루어져야 한다. 이 학습은 공정무역을 신청한 학기 또는 바로 그 전 학기에 시행되어야 하며 이전의 수업들은 효력이 없다.

다섯째, 학기 중에 최소 한 번은 공정무역과 관련한 축제, 전시회, 패션쇼 등을 개최하고 학부모의 날이나 학교 개방의 날에 공정무역에 대한 정보제공 등의 행사를 개최해야 한다. 이때 홍보를 통해 가능한 한 많은 지역 주민들이 참여하도록 해야 하며 한 학년이나 한 프로젝트 내에서 이루어지는 활동은 인정되지 않는다. 또한 학교가 소재한 도시가 공정무역 도시이거나 그 도시에 공정무역 대학교가 있으면 연대하여 공정무역제품의 사용과 공정무역 활동을 함께할 수 있다. 그 반대로 공정무역학교가 소재한 도시가 공정무역도시가 되도록 하는 데 또는 대학교가 공정무역 대학교가 되는 데에 도움을 주면 가산점을 받는다.

'공정무역학교' 인증을 신청하고 2년 동안 위의 5가지 기준을 모두 충족하면 '공정무역학교'라는 마크를 받게 된다.

[그림 2] 공정무역학교 마크

3.3. 공정무역에 대한 교육 방법과 내용

공정무역에 대한 교육은 정규 수업 시간에 여러 교과목을 통해서 하는 통합 학습방법과 1년에 한 번 '프로젝트 주'를 정하여 프로젝트 학습을 하는 비교과 학습방식으로 이루어진다.

3.3.1. 정규 수업 시간을 통한 공정무역 교육

공정무역은 엄밀한 의미에서는 경제 분야에 해당하나, 독일에서 공정무역 교육은 정치, 경제, 사회, 법, 지리, 역사와 연계하여 통합적으로 이루어진다. 독일 중등 정치 및 사회과 교육과정의 『실제정치』3)라는 교재의 공정무역과 관련된 대단원을 가지고 설명하면 이러하다.

대단원 9 ≪브라질의 빈곤: 나와 무슨 관계가 있을까?≫는 대두를 재배하는 브라질의 소농들이 붕괴되는 과정을 국가의 역사, 농업구조, 경제정책, 무역구조와 형태, 유럽인들의 생활양식, 신재생에너지 생산 문제 등과 연계시켜 세밀히 보여준다. 이 대단원은 6

---

3) 독일은 교육에 대한 주권을 각 자치주가 보유하고 있다. 따라서 교과서의 검인정권도 각 자치주가 보유하고 있다. 『실제정치 TatSache Politik』(Helbig, 1998: 182-203)는 여러 주에서 중등과정 교육을 위해서 사용되고 있는 교재이다.

개의 소단원으로 이루어져 있다: 1. 여러 개의 얼굴을 가진 브라질, 2. 산토스 가족: 소농에서 일용 노동자로, 3. 멘데스 가족: 새로운 개척지를 찾아서, 4. 코임브라 가족: 도시로의 도피, 5. 문제 설명하기-해결책 찾기, 6. 브라질의 가난과 부.

소단원 1 <여러 개의 일굴을 가진 브라질>에서는 브라질의 무역과 금융의 중심지이자 모던하고 아름다운 도시인 리우데자네이루와 문화의 중심지이자 산업의 중심지인 상파울루와 슬럼가와 거리의 아이들이 넘쳐나는 브라질 북동부 빈민 지역의 모습이 비교된다. 동시에 이들 지역에서 나타나고 있는 극심한 빈부 차이가 제시되며, 빈민들은 유럽에서 마가린, 초콜릿, 비스킷 등의 식용에서부터 염료, 플라스틱 접합제, 약품, 동물 사료, 바이오연료까지 다양한 용도의 원료로 쓰이고 있는 대두 플랜테이션이 이루어진 이후 몰락한 소농 가족임이 제시된다.

이 빈민 가족들의 실상을 보여주는 소단원에 들어가기 전 도입부에서는 '브라질에서 대두 붐이 일어나면서 세 가족이 몰락하게 되는데, 어떻게 그런 일이 일어났으며 우리와 무슨 관계가 있는 것일까?'라는 질문을 던지고 이 문제에 대한 답을 찾기 위해서 그룹을 나누어 역할 분담을 하게 한다. 이후 각 그룹이 조사하고 논의한 내용들을 서로 교환하고 이 내용을 연극으로 구성하여 공연해 볼 것을 제안한다. 이때 특히 눈에 띄는 점은 학생들이 각 그룹에 등장하는 가족 중 또래 아이들의 입장에서 논의를 하고 연극으로 꾸며 공연을 한다는 점이다.

소단원 2, 3, 4에서는 기계로 농사를 지어 더 많은 수확을 꿈꾸며 대출을 받았다가 대두 플랜테이션 농장의 일용직 노동자로 추락한 산토스 가족, 대두 플랜테이션 농장의 거대 기술에 밀려 일자리를 잃고 새로운 개척지인 열대우림지역으로 이주한 멘데스 가족, 대지주에게 땅을 헐값에 넘기고 도시의 거리에서 패스트푸드 장사를 하는 코임브라 가족이 등장한다. 결국 이들 가족은 대기업과 거대 기술에 의해 몰락하고 아이들은 거리의 아이들이 되고 만다. 거리의 갱단에 가입한 아이들은 범죄를 눈감아주는 경찰들에게 상납하고 상인들과 연대한 조직폭력배들에 의해 죽음으로 내몰린다. 경찰은 이들의 죽음에 무관심하다. 이런 상관관계를 텍스트는 세밀하게 조명하며 학생들이 문제의 원인을 정확하게 파악하고 해결안을 찾도록 숱한 자료와 토론주제를 거의 페이지마다 제시한다.

16세기부터 포르투갈의 식민지였던 브라질에는 사탕수수 플랜테이션 농장이 만들어지고 제당공장들이 건설되었다. 1700년대에는 영국의 압력에 의해 브라질에 제조공장을 건설하지 못함으로써 브라질은 원료만을 수출했다. 이때 텍스트는 브라질의 열대우림에서 행해진 벌목, 설탕, 면화, 커피 등의 대규모 플랜테이션을 연대별로 제시하며 브라질이 어떤 무역상황에 처했는지를 보여준다. 즉 브라질은 16세기부터 대서양을 두고 자본·기술(유럽)과 토지(남북 아메리카)와 노동력(아프리카의 노예)의 삼각무역을 하는 지역에 속했으며, 완제품만을 유럽으로부터 수입해야 했다.

텍스트는 브라질 경제의 특징이 어떻게 탄생하게 되었는지를 깨닫게 하며, 브라질의 역사를 플랜테이션 백인 농장주 시각에서 또 흑인 노동자 시각에서 비교해 보게 하고 브라질과 독일 사이의 무역상황을 과거와 현재와 비교해 보게 한다. 동시에 땅 없는 사람들이 자구책으로 농사를 짓지 않은 대지주의 땅을 점령하고 토지개혁을 위해 투쟁을 하며, 대두와 같은 단작이 아니라 다양한 작물을 생산하는 대안농업 운동을 일으켰으나, 외채를 갚고 철강과 기계 등의 수입을 위해 외화가 필요한 브라질 정부는 대두생산에 더 관심을 둘 수밖에 없음을 보여준다. 그럼으로써 무역시장에서는 자본 집약적인 내량생산의 기업에만 기회가 주어짐을 조명한다. 이 때문에 법규를 통해서 대기업들이 중소기업들을 붕괴시키지 않도록 막아야 하며, 수공업적 생산은 일자리를 창출하고 원료와 에너지 소모가 적고 수리와 재생이 가능한 장점이 있다고 텍스트는 제시한다.

마지막 소단원에서 텍스트는 커피 플랜테이션에서 일하는 브라질 노동자의 노동 강도를 일부 재현하게 하고, 브라질의 대두 생산과 독일 학생들이 먹는 햄버거와의 관계를 생각해 보게 한다. 또 공정무역제품들을 책상 위에 진열하여 그 종류를 확인하게 하고, 공정무역 가게 알리기 및 패스트푸드 반대운동 등의 홍보와 실천하기의 사례를 들어주며 학생들이 무엇을 할 수 있는지, 어떻게 해야 하는지를 숙고하게 한다.

정리하면 독일의 정치 및 사회 교과서의 경제 분야는 '공정무역'이라는 주제를 학습할 경우, 단순히 자유무역과 공정무역을 비교하며 장단점을 열거하거나 통계를 보여주는 방식이 아니라 자신들이 매일 다양한 용도로 사용하는 제품을 수입하는 국가인 브라질 소농들의 붕괴과정을 역사, 정치, 무역, 경제윤리, 지리 등과 연계하여 총체적으로 보여주며, 이들의 붕괴의 원인이 근본적으로 어디에 있는지, 자신들의 생활양식이 다른 나라에 어떤 영향을 미치는지, 하나의 지구촌과 세계시민 의식이란 무엇을 의미하는지 등에 대해서 지속적으로 질문을 던지면서 사고하게 한다. 그럼으로써 문제를 명확하게 인식하고 학생들 스스로 해결책을 모색하게 한다.

이후 학생들은 학습한 내용을 직접 연극으로 꾸며 공연을 하고, 자신들이 공정무역제품을 사용할 뿐 아니라 공정무역제품 사용 캠페인을 벌임으로써 지역 주민들에게 제3세계 노동자들의 현실을 알린다. 이런 통합교육과정을 통해 학생들은 제3세계 생산자들의 빈곤이 역사적 산물임을 인식하고 지구촌 시민으로서의 연대감과 책임감을 느끼게 되는 것이다.

이처럼 독일의 중등 정치·사회과 교육과정은 정치, 경제, 사회, 역사, 지리, 윤리 등을 포괄하고 있으며, 공정무역 역시 지속 가능한 사회를 위한 교육의 일환으로서 통합교육의 형태로 이루어지고 있다.

3.3.2. '프로젝트 주'의 비교과를 통한 공정무역 교육

'지속 가능한 발전을 위한 교육' 프로그램을 시행한 이후, 독일 학교들은 1년에 한 번 '프로젝트 주'를 정하여 비교적 큰 프로젝트 수업을 하고 있다. '공정무역학교' 인증을 받고자 하는 학교들은 심사기준 중의 하나인 공정무역 수업을 위해 공정무역에 관한 프로젝트 수업을 진행한다. 프로젝트 수업은 주제를 정하는 일부터 학습 결과를 실천하는 일까지 모든 과정을 학생들 스스로 하게 되어 있으며 비교과 학습이다.

먼저 학생들은 주제를 적어온 카드를 칠판에 붙이고, 토론을 거쳐 한두 주제를 택한다. 예를 들어 7~9학년인 경우, 공정무역은 공정한 가격, 어린이 노동 금지, 생산자와 소비자의 직접 소통, 생태적 농업 촉진, 장기간의 무역을 통한 안정된 임금의 보장 등의 개념들이 내포되어 있음을 이미 정규 교과 시간에 배웠다. 따라서 학생들은 프로젝트 주에는 자신들이 평소에 자주 접하는 제품인 축구공이나 오렌지주스 또는 꽃 등의 주제를 택한다. 이때 사회, 정치, 경제, 지리, 윤리, 종교 과목 등의 교사들이 학생들과 지속적으로 소통하며 조언을 해 준다.

수업은 보통 다음과 같이 진행된다. 학습할 주제가 정해지면, 학생들 스스로 그룹을 나눠 모임 시간과 장소를 정하고 문제해결을 위해 새로운 작업 방법이나 기술을 배워야 하는지를 검토한다. 프로젝트 주제가 축구공과 오렌지주스의 경우, 보통 네 그룹으로 나누어 그룹별로 작업내용을 분담한다.

첫 번째 그룹은 축구공의 생산과 관련된 작업을 조사한다. 즉 전세계 축구공의 70%를 생산하는 파키스탄의 경제와 사회 상황, 축구공을 깁는 어린이와 어른의 노동조건, 축구공의 공정한 생산과 공정한 무역이 이루어지고 있는지를 조사하고 직접 축구공 조각들을 바느질해 보기로 한다.

두 번째 그룹은 오렌지의 공정무역을 조사한다. 독일에서 소비되는 오렌지주스의 90%가 브라질에서 수입된다. 따라서 브라질의 지리적 조건과 경제 상황, 오렌지 재배 시 생태계를 고려하는지, 어린이와 어른의 노동조건, 오렌지를 주스로 제조하는 과정, 오렌지의 공정한 생산과 무역의 진행과정 등에 대해서 조사한다.

세 번째 그룹은 학교에서 학생과 교사들에게 또 거리에서 시민들에게 공정무역의 개념과 목표에 대해서 알고 있는지, 어떤 공정무역 제품을 구매하는지, 어디서 주로 구매하는지 등에 대해 인터뷰를 하고 공정무역 축구공과 오렌지주스를 구매해 본 적이 있는지 조사한다.

  네 번째 그룹은 축구공 하나를 완성하기 위해서 32개의 조각을 깁는 파키스탄의 어린이들을 생각하며 공정무역을 통한 축구공 판매율을 높이는 방법을 구상해 보고 자신들이 방문할 곳의 목록을 작성한다. 이 그룹은 체육 교사, 학부모, 스포츠 단체, 스포츠용품 판매소 등 축구공과 관련된 인물들이나 단체를 방문하여 홍보한다. 또 공정무역 축구공 구매를 통해 파키스탄의 아이들에게 어떤 도움을 줄 수 있는지를 알리는 정보지를 발간하여 보행자 구역에 비치한다. 나아가 공정무역 축구공을 사용하는 여러 학급끼리의 축구 경기를 조직하고 이를 홍보한다.

  자료 조사 시에 그룹은 사회, 정치, 경제, 지리, 지역학, 윤리 등의 교사와 교과서 및 트랜스페어와 구글과 같은 웹사이트의 도움을 받는다.

  이어서 프로젝트 주의 마지막 날을 '발표와 평가의 날'로 정하여 부모와 지역민들을 초대하여 프로젝트 결과를 발표한다. 그럼으로써 자신들이 직접 조사하고 탐구한 결과를 학교 내외를 통해 홍보할 뿐 아니라 피드백을 받는 이중효과를 낸다. 동시에 프로젝트 결과물을 전시하고 지역 신문에 기고하며 웹사이트에 올린다. 이때 학교에서 사용하고 판매하는 공정무역제품의 사진들 및 공정무역 축구공을 사용하는 유명 축구단과 함께 찍은 사진 등을 제공한다. 그럼으로써 자신의 학교에서 실행하고 있는 공정무역 교육과 그 효과 및 공정무역제품 사용 실태 등에 대해서 학교와 지역을 넘어서 전 세계에 알리는 성과를 거둔다.

  이처럼 독일 학교들은 정규 수업 시간의 교과 과목을 통해서뿐만 아니라 기획하고 조사하고 결과를 발표하며 실천하는 일까지 모두 학생들이 자발적으로 하게 하는 비교과 활동을 통해서 공정무역 교육을 실시하고 있다. 그럼으로써 학생들을 공정무역 운동에 자연스럽게 동참하게 하고, 학생들 개개인이 저개발국가 노동자들의 생활 수준을 개선하는 데 직접 도움을 줄 수 있음을 인식시키며, 지구촌이 하나의 공동체임을 자각시키고 있다.

4. 공정무역 교육의 성과

종합적으로 사고하는 통합학습과 학생들이 주도하는 프로젝트 학습방식에 의해 행해지는 공정무역 교육은 학생들에게 지속 가능한 사회가 되는 방안과 자신이 지구촌의 시민임을 깨닫게 하는 데 크게 기여했다. 이 성과를 정리해 보면 다음과 같다.

첫째, 학생들이 지구촌 문제에 동참하도록 하는 계기를 만들어주고 책임 의식을 심어주었다.

둘째, 학생들에게 자신의 활동이 제3세계 노동자들의 노동조건과 생활 향상에 도움을 줄 수 있다는 인식을 불러일으켰다.

셋째, '공정무역학교' 마크를 획득한 학교의 학생들은 학교에 대한 자긍심을 갖게 되었고, 공동체 의식과 애교심이 강화되었다.

넷째, 학교의 이름이 매체를 통해 전국으로 홍보됨으로써 학교의 이미지가 향상되고 비공정무역학교의 모델이 되었다.

다섯째, 윤리적인 소비 및 생태적인 소비와 같은 소비 태도에 대해서 생각하는 계기를 마련했다.

여섯째, 공정무역학교가 지역의 이미지 향상에 도움을 주고 지역 주민들에게 자긍심을 갖게 하는 계기를 제공했다.

이처럼 공정무역교육과 공정무역학교는 학생들과 학교, 나아가 지역에까지 여러 성과를 가져다주었다. 하지만 공정무역 자체가 아직 해결되지 않은 몇 가지 문제점을 안고 있다. 따라서 공정무역 교육 역시 이 점을 해결해야 하는 문제를 지니고 있다.

5. 공정무역과 공정무역 교육의 과제

공정무역은 모든 면에서 긍정적인 것은 아니며 몇 가지 부정적인 점을 지니고 있다. 이 점들은 공정무역교육이 아니라 공정무역 자체와 제품에 대한 문제이지만, 이들이 해결되어야 공정무역 교육에 있어서도 학생들에게 공정무역이 상호연계성과 지속성과 순환성의 생태적 가치를 기반으로 한 지구촌을 만들어가는 데 기여할 수 있다고 교육할 수 있을 것이다. 따라서 이 문제점에 대해서 짚어보자.

첫째, 공정한 무역이라는 개념의 모호성과 라벨의 다양성이다.4) 공정무역에 대한 법적 차원의 개념이 부재하다 보니 독립적으로 결성된 단체들이 자신들만의 개념하에 심사기준과 라벨을 만들어 사용하고 있다. 예컨대 2014년 독일의 대형할인매장 리들 Lidl에서 공정무역의 로고를 붙이고 판매된 오렌지주스가 결코 공정한 조건에서 생산되지 않았다는 조사가 발표되기도 했다.5)

심지어 런던대학교의 한 조사팀은 "우간다와 에티오피아에서는 공정무역라벨을 소유하지 않은 공장의 임금이 공정무역라벨을 가진

---

4) 공정무역제품은 일반적으로 FLO(Fairtrade Labelling Organization International) 라벨을 붙이지만, 이 기준을 따르지 않고 IFAT(International Federation for Alternative Trade)의 라벨을 이용하는 경우가 있으며 독자적인 기준을 만들어 사용한 경우가 있다.

5) Warentest Stiftung, 2014, p.30.

공장과 비슷하거나 오히려 더 높은 임금과 더 나은 노동조건에서 일하고 있다"고 말하면서 "공정무역은 결코 빈곤국 노동자들의 생활수준 개선을 위한 효과적인 메커니즘이 아니다"라고 주장하였다.6) 따라서 공정무역상품 라벨의 통일과 개념의 일치에 대한 해결이 필요하다.

둘째, 공정무역상품의 과잉생산에 대한 유혹이 있다는 점이다. 공정무역에 의한 상품들은 비교적 높은 가격이 보장되어 있다 보니 제3세계의 소농들이 공정무역 커피나 바나나와 같은 일부 품목만을 재배하거나 생산량을 증가시켜 과잉 생산하는 경우가 생기고 있다. 이에 따라 자신들이 주식으로 하는 농작물 생산이 저조해짐으로써 오히려 식량들을 선진국들로부터 수입해 오는 현상이 발생하게 되었다. 이런 현상이 장기화되면 제3세계의 주민들은 지속적으로 다국적 농업기업들의 영향을 받게 되며, 이들의 생활수준이 개선될 가능성은 사라지게 된다. 이는 제3세계의 가난을 해결하고자 하는 공정무역의 목표에 반하는 일이다.

셋째, 공정무역 대 자유무역의 문제이다. 공정무역의 개념에는 다른 무역은 불공정하다는 의미를 내포하고 있다. 그 때문에 국내외 시장에서 편견을 형성할 우려가 있으며, 그로 인해 공정무역 인증을 받지 않은 상품 생산자들과 판매자들은 불리한 입장이 될 수 있다.

공정무역에 대한 이런 지적들이 해결되어야 아직 판단력이 온전치 않은 학생들이 혼란과 갈등 없이 공정하고 투명한 사회와 지속 가능한 사회를 위해 노력할 것이다. 그 때문에 지속 가능한 사회를

---

6) Axel Hansen, 2014, p.2.

위해서 노력하는 유네스코를 비롯한 국제기구들과 독일연방발전지
원부 및 공정무역 내지는 대안무역을 주창하는 학자들은 이 문제들
을 해결해야 할 과제를 안고 있다.

6. 우리나라의 무역 교육을 위한 시사점

이상에서 살펴본 바와 같이 독일은 공정무역 교육을 경제, 정치,
역사, 지리, 윤리 등 여러 과목을 연계시켜 다양한 관점에서 접근하
고 종합적으로 사고할 수 있도록 교육하고 있다. 이런 교육을 통해
학생들은 일상에서 먹고 마시고 사용하는 제품들의 생산과 무역과
소비의 과정이 지구촌 반대편의 사람들에게 어떤 영향을 미치는지
를 깨닫고, 지속 가능한 지구촌 또는 생태사회가 되기 위해서 자신
들이 어떻게 사유하고 행동해야 하는지를 숙고하게 된다.

이처럼 독일의 학교에서 이루어지고 있는 공정무역 교육과 캠페
인은 공정무역에 대한 교육이 거의 이루어지지 않고 있는 우리나라
에 시사하는 바가 크다.

우리나라의 경제 교육 중 국제무역 교육의 상황을 간략히 살펴보
면 이러하다. 1-7차 교육과정의 중등 사회 과목에서 국제무역에 대
한 설명은 11학년에서야 구체적으로 이루어졌으며7) 2009년 개정안
에서는 10학년에서 '국제 거래와 세계화'라는 단원이 등장한다. 따
라서 이 단원은 국제무역 및 공정무역 교육에 대한 기대감을 갖게
한다. 하지만 이 단원은 국제 거래의 특징과 발생 요인, 국제수지와

---

7) 김용진, 2010, pp.67-74 참고.

환율의 개념 및 국제 거래의 확대가 국내 경제에 미치는 영향과 대응 방안 등에 대한 내용을 담고 있을 뿐 공정한 국제 거래에 대한 언급은 없다. 또 다음 단계로 이어지는 심화 선택과목인 '경제'에서도 주로 비교우위에 근거한 자유무역을 강조하며 특정 산업 분야에서는 보호무역을 실시할 수 있음을 제시할 뿐이다. 즉 우리나라 경제교육에서 무역에 관한 교육은 주로 국제무역에 의한 경제적 효과, 그로 인한 국가의 부강 및 국민의 삶의 향상 등에 초점이 맞춰져 있다. 그에 따라 우리나라 중등교육의 사회과 교육과정은 학생들에게 지속 가능한 사회가 되기 위해서 자신들이 어떻게 사유하고 행동해야 하는지에 대한 방향 제시를 제대로 해 주지 못하고 있다고 할 수 있다. 그뿐 아니라 이런 교육과정은 미래를 이끌어갈 청소년들에게 경제윤리 의식이나 세계시민 의식을 심어주기에도 역부족이라고 할 수 있다. 그 결과는 지구촌의 빈부 차이와 자원고갈과 생태계 파괴를 더욱 심화시킬 것이며, 우리 아이들의 미래를 불투명하게 만들 것이다.

따라서 국가 자체의 지속 가능성을 넘어서 지구촌의 지속 가능성을 위해 청소년들에게 다각적으로 사고하도록 유도함으로써 지구촌 시민임을 자각시키며 연대감과 배려심을 키우는 독일의 공정무역 교육은 생태선진국다운 교육방식이며 우리가 모델로 삼아야 하는 교육방식이라고 할 수 있을 것이다.

참고문헌

교육과학기술부(2009), 2009년 개정 고등학교 사회과 교육과정 해설, 10학년 일반사회 영역 내용 해설.

교육과학기술부(2009), 2009년 개정 고등학교 사회과 교육과정 해설, 경제 영역 내용 해설, 교육과학기술부.

김용진(2010), 고등학교 경제교과서에 나타난 국제무역 관련 내용 연구. 1차 교육과정부터 2009 개정교육과정까지, 성공회대학교 교육대학원 학위논문.

BMBF, Bundesministerium für Bildung und Forschung(Hrsg.)(2002): Bericht der Bundesregierung zur Bildung für eine nachhaltige Entwicklung, Bonn.

Fairer Handel, (https://de.wikipedia.org/wiki/Fairer_Handel).

Fairtrade Schools, Die fünf Kriterien. (https://www.fairtrade-schools.de).

FLO, Fairtrade Labelling Organizations International e. V. (https://en.wikipedia.org/wiki/Fairtrade_Labelling_Organizations_International).

Hansen, Axel(2014), Wenn Kaffee bitter schmeckt. In: Zeit-Online. 18.August 2014. 2.

Helbig, Ludwig(Hg.)(1998), TatSache politk Bd.2, Frankfurt a. Main.

Raschke, Markus(2013), Fairer Handel in einer renditeorientierten Wirtschaft. In: Zeitschrift für Sozialökonomie, 178/179, 37-46.

Schenk, Hans-Otto(2013), Der Handel und die Tradition der Vorurteile. In: G. Crockford, F. Ritschel, U.-M. Schmieder(Hg.): Handel in Theorie und Praxis. Wiesbaden, 1-23.

Stiftung Warentest(Hg.)(2014), Saftiger Liebling. April, Berlin, 20-31.

UNESCO(2017), UNESCO-Weltaktionsprogramm: Bildung für nachhaltige Entwicklung. Inhalt der Nationalen Aktionsplans. (http://www.bne-portal.de/de/nationaler-aktionsplan/ der-weg-zum-nationalen-aktionsplan).

제7장

변화된 미래를 꿈꾸며
행동하는 미래세대

유미연(연천군청 관광과 생태전문가)

1. 변화되지 않은 오늘

기후변화, 녹아내리는 빙하와 해수면 상승 그리고 생물다양성 감소 등의 환경문제는 1980년대부터 강조되었다. 하지만 많은 사람은 이러한 환경문제를 그저 TV에서만 볼 수 있는 머나먼 이야기로 치부해 버리곤 했다. 2010년 전후로는 환경과 관련된 다큐멘터리를 쉽게 접할 수 있었는데, 특히 국내의 경우 2010년 '북극곰의 눈물'과 '아마존의 눈물'이 방영되면서 환경과 관련된 사람들의 관심이 증대되었다. 하지만 그로부터 약 10년이 지난 지금, 우리는 여전히 같은 문제를 얘기하며 '더 늦기 전에 멈춰야 한다'고 말하고 있다. 화석연료 대신 신재생에너지를 사용하고, 플라스틱 대신 친환경 제품과 에코백을 사용하자면서 말이다. 친환경에 대한 필요성은 농축산업, 에너지, 산업 등 국가 및 기업의 정책과 방향성뿐만 아니라 음료 컵, 빨대, 옷, 화장품 등 우리가 일상에서 사용하는 다양한 제품에서 이야기되고 있다.

2019년 한국의 주요 소비 트렌드 중 하나는 '필환경 시대'였다(김난도 외, 2020). 우리는 이제 친환경 시대를 넘어 반드시 환경을 고려해야 하는 '필(必)환경 시대'에 놓이게 되었다는 것이다. 이는 환경 이슈가 우리와 직접적으로 무관하지 않다는 것을 깨달은 사람들이 더 많아졌기 때문이다. 대학교 시절 다른 학과 수업에서 필자가 왜 환경과학이라는 전공을 선택했고, 앞으로 무엇을 하고 싶은지에 대해 발표하는 과제가 있었다. 환경문제를 이야기하는 데 있어 가장 친숙하게 생각하는 기후변화와 북극곰을 이야기하자 누군가 "또 북극곰이야? 환경문제를 얘기할 때 그거 말곤 없어?"라고 물어왔다. 2010년대 초반이었던 당시, 주로 이야기되었던 해수면 상승 등의 환경문제는 사실 국내에서 직접적으로 느낄 수 없는 것들이었다.

하지만 불행히도 최근 몇 년간 우리는 기후변화로 인한 또 다른 환경문제를 직접 경험할 수 있게 되었다. 바로 매년 뉴스에 나오는 '기록적인 폭염, 폭우 그리고 폭설'이 그것이다. 기상청의 예보는 걸핏하면 빗나가기 일쑤였고, 사람들은 그런 기상청에 분노를 표하곤 했다. 기상청과 관련 전문가들은 '진짜 문제는 기후변화에 따른 이상기후로 정확한 예측이 불가능해졌다는 것'이라고 밝혔다. 실제로 「한국 기후변화 평가보고서 2020」에 따르면 여름철 증가한 폭염의 주요 원인은 '온실가스 증가에 의한 인위적 영향'으로 나타났다(기상청, 2020). 그리고 이러한 이상기후는 우리나라뿐만 아니라 세계 곳곳에서 나타나기 시작했다. 기후변화는 북극곰과 태평양 일부 섬나라에만 닥친 위기라고 여겼던 사람들은 당황을 감추지 못했다. 그렇게 환경에 관심이 없던 사람들의 입에서도 '기후변화'라는 단어가 나오게 되었다.

필자가 일하고 있는 경기도 연천군에는 '재인폭포'라는 유명한

명소가 있다. 연천 임진강 유네스코 생물권보전지역과 한탄강 유네스코 세계지질공원으로 지정되었을 만큼 경관적·생태적·지질학적 가치가 높은 곳인데, 2020년 기록적인 폭우로 인해 약 100년 만에 폭포 전체가 물에 잠기고 말았다. 현재는 본래의 모습을 찾았지만, 바로 전년도에는 좀처럼 내리지 않는 비로 가뭄이 심해 멸종위기종 어름치를 비롯해 폭포에 사는 물고기들의 생명이 위험할 지경에 이르렀다고 한다. 하는 수 없이 관리자들이 물이 많은 강가에 물고기들을 풀어주었다고 하는데, 1년 만에 정반대의 상황이 발생한 것이다.

호주에서는 2019년 발생한 대형산불이 6개월 넘게 진압되지 못하면서 약 30억 마리의 야생동물들이 죽거나 터전을 잃었다(WWF Australia, 2020). 대형산불은 사람들의 터전 또한 함께 앗아갔다. 그리고 산불의 연기는 바람을 타고 태평양을 건너 남미에 도달했고, 지구 한 바퀴를 돌아 2020년 1월 다시 호주로 돌아왔다(김서영, 2020). 미국 캘리포니아주 또한 대형산불로 큰 피해를 입었다. 캘리포니아주에서만 약 20건 이상의 대형산불이 동시다발적으로 발생하였고(최현준, 2020), 캘리포니아주를 포함한 미 서부지역에서는 약 100건의 산불이 동시다발로 발생하였다(이승선, 2020). 기후변화와 건조한 날씨로 인해 산불은 쉽사리 잡히지 않았고, 2020년 우리나라 면적의 약 20%가 손실되었다. 산불의 규모가 거대했던 만큼 파란하늘도 검은 연기로 가득했고 외출조차 쉽지 않아 방독면을 쓰는 사람들도 등장했다.

이와 같은 대형산불은 인명피해 외에도 지구온난화의 주범인 이산화탄소(CO_2)를 대량으로 배출한다는 문제가 있다. 아마존과 시베리아에서도 이상기후로 대형산불이 발생하였고, 이산화탄소를 흡수하는 숲이 파괴되면서 산불로 발생한 막대한 양의 이산화탄소가 다시 지구온난화를 가속시키는 악순환이 이어지고 있다(김형근, 2020). 실제로 2019년 전 세계의 이산화탄소 배출량은 전년 대비 2.6% 증가하였고, 주요 원인 중 하나가 바로 '산불'이었다(UNEP, 2020).

지속된 대형산불과 함께 2020년 전 세계를 공포에 몰아넣은 또 다른 이슈가 있다. 바로 코로나 바이러스-19(COVID-19, 이하 코로나19)다. 모두 금방 사라질 것이라고 예상했지만, 2년이 지난 지금도 전 세계 수많은 사람이 코로나19에 감염되고 있고, 변이 바이러스가 계속 발견되면서 전 세계를 공포에 몰아넣었다. 코로나19 발생의 주요 원인으로는 야생동물 밀매가 꼽히고 있으며, 전문가들은 이 또한 환경 이슈와 무관하지 않다고 이야기한다.

이처럼 우리가 살고 있는 오늘은 과거에 비해 나아지지 않았다. 뉴스에는 '기록적인', '몇십 년 만에 최고', '끝나지 않는' 등의 표현들이 넘쳐나지만, 이는 대부분 부정적인 상황이 발생했을 때 사용되었다. '기록적인 폭염/폭우/폭설', '몇십 년 만에 최고 한파', '끝나지 않는 산불/코로나'처럼 말이다. 몇십 년 전부터 기후변화에 대한 문제 제기가 이루어졌고 대응의 필요성이 제기되었음에도 오늘은 과거보다 더 심한 기상악화와 바이러스 등으로 인해 전 세계가 고통받고 있다. 이제는 이 끝나지 않는 문제를 가리킬 때 '기후변화(Climate Change)'보다 '기후 위기(Climate Crisis)'라는 단어가 더 많이 사용되고 있다. 그리고 이러한 결과를 초래한 어른들을 바라보던 미래세대들이 차츰 자신의 목소리를 내며 변화를 요구하기 시작했다.

2. 변화된 세상을 위해 거리로 나선 사람들

2018년 세상에 큰 울림을 전한 소녀가 등장했다. 북유럽 스웨덴에 살고 있는 2003년생의 '그레타 툰베리(Greta Thunberg)'가 바로 그 주인공이다. 당시 그레타는 10대 환경운동가로 스웨덴 국회의사당 앞에서 1인 시위를 하며 어른들에게 미래를 위한 기후변화 대책을 마련할 것을 촉구하였다. 그리고 그레타의 외침에 전 세계 수백만 명의 학생들이 동참하였고, 이는 '미래를 위한 금요일(Fridays For Future, FFF)'이라는 환경운동으로 번졌다.

2019년 9월 20일, 미국 뉴욕 거리는 세계 각국에서 온 다양한 사람들로 가득했다. 청년들뿐만 아니라 어린아이부터 유모차를 끌고 나온 부모들까지 수많은 사람이 변화된 미래를 꿈꾸며 행진을 시작했다. 이날의 행진은 '기후파업(The Global Climate Strikes)'으로 그레타의 '기후를 위한 학교 파업(School Strike for Climate)'으로부터 시작되었다. 뉴욕 역사상 가장 많은 인원이 참여한 것으로 기록되었으며, 뉴욕의 약 25만 명 외에도 영국, 호주, 아프가니스탄, 칠레, 독일, 그리스, 한국 등 전 세계 163개국 이상의 2,500개 지역에서 기후파업이 개최되었다(Resnick, B. & Scruggs, D., 2019. 09.20.).

필자는 당시 유네스코의 지원으로 MAB[1] 청년 멤버 자격으로 '2019 기후행동 정상회의(2019 Climate Action Summit)'에 참여할 수 있는 기회를 얻었는데, 회의가 개최되기 전날 기후파업이 개최

---

1) MAB는 인간과 생물권을 뜻하는 'Man and the Biosphere'의 약자로 유네스코 3대 지정지역 중 하나인 '생물권보전지역(Biosphere Reserve, BR)'을 지정 및 관리하는 프로그램이다. 당시 중국에서 제2회 MAB Youth Forum을 개최한 뒤 일부 참가자들이 뉴욕에서 열리는 2019 Climate Action Summit에 참여할 수 있도록 하였다.

된다는 소식에 다른 참가자들과 함께 행진을 보러 이동했다. 지하철역을 나오자마자 수많은 인파가 행진하는 모습이 보였다. 우리는 상황을 파악하기도 전에 행진에 합류하여 앞으로 걸어가고 있었다. 걷는 내내 반복되는 소리가 들렸는데, "What do we want?(우리가 원하는 건 뭐?)", 누군가 외친 물음에 사람들은 "Climate Justice(기후 정의)"를 외쳤다. 성인뿐만 아니라 초등학생쯤으로 보이는 아이들조차 쉼 없이 구호를 외쳤다. 아무것도 모르고 친구들을 따라나섰던 내게 그 모습은 매우 충격적이었다. Climate Justice라는 단어도 처음 들어봤고, 그들의 옷이나 가방, 그들이 들고 있는 피켓에 그려진 상징 또한 처음 봤다. 친구들의 설명을 들은 나는 그동안 다른 연구 프로젝트를 한다는 핑계로 환경문제에 너무 무관심했다는 사실에 부끄러움을 느꼈다. 그래서 사람들과 함께 열심히 구호를 따라 외쳤다. 너무 많은 인파에 어디로 가는지는 모른 채 그 풍경을 찍었고, 동시에 다른 친구들과 떨어지지 않으려 긴장하며 긴 행진을 따라 걸었다. 그리고 그 행진의 마지막 도착지에서 뉴스에서 언뜻 봤던 그레타 툰베리의 연설을 들을 수 있었다.

수많은 사람들의 환호 속에서 등장한 툰베리는 매우 담담하게 이야기를 해 나갔고, 나는 그 모습이 매우 신기했다. 어린 나이에 자신의 모국어가 아닌 외국어로 이 많은 사람들의 마음을 흔든다는 것과 '그들(정치인들)이 변할 것이라고 생각하냐'는 자신의 질문에 '아니오'를 외치는 청중들을 향해 '우리가 그들을 변화시킬 것'이라고 외치는 모습은 다소 충격적이었고 뭐라 말할 수 없는 전율 같은 것이 느껴졌다. 저 나이대의 나는 더 큰 세상보다는 나와 내 주변의 가족, 친구들까지밖에 생각하지 못했는데 말이다.

[그림 1] 뉴욕 거리의 기후파업 행진과 그레타 툰베리의 연설 모습

3. 점차 늘어나고 있는 미래세대를 위한 자리

다음 날 유엔 본부에서 진행된 '2019 기후행동 정상회의'에서도 그레타 툰베리를 만나볼 수 있었다. 해당 회의에는 그레타 외에도 여러 국가의 청년들이 왔는데, 그레타는 개인 발언 시간에 자신은 전날 행사에 참여했었기에 다른 청년들에게 기회를 넘기고 말을 아꼈다. 그 자리에는 MAB 청년들뿐만 아니라 다양한 출신과 배경을 가진 청년들이 참가하였다. TV에서만 보던 정상회의에 참여할 수 있다는 것만으로도 모두 들떠 있었는데, 청년들에게 발언의 기회 또한 주어졌다는 것에 모두 뜻깊어했다. 우리 그룹에서는 브라질에서 온 친구가 대표 발언을 하게 되었는데, 그 발언을 준비하는 과정에도 다른 친구들이 함께하였다. 모두 자리에 앉아 여러 대표의 발언을 듣고 응원하던 모습이 지금도 떠오르는데, 그 UN 본부의 회의 장소에는 청년들의 긴장감과 설렘 그리고 열정이 가득했다.

사실 환경문제를 이야기함에 있어, 주인공들은 늘 야생동물과 기업, 국제기구와 NGO, 그리고 어른들이었다. 아이들, 청년들의 목소리는 잘 들리지 않았다. 그들은 그저 유엔이 발표했던 '지속 가능한 발전'의 개념 속 '미래세대'라는 단어에만 머물러 있는 듯했다.

히지만 그레타 툰베리를 시작으로 '청소년, 청년'이라는 새로운 주인공들이 드러나기 시작했고 세상의 주목을 받게 되었다. 2019년에 개최된 기후행동 정상회의에서 청년들을 위한 세션이 마련되었던 것 또한 그 움직임의 결과라고 생각된다.

UN의 지속가능발전목표(Sustainable Development Goals, SDGs)를 이야기할 때도, 유네스코가 지정하는 생물권보전지역을 이야기함에 있어서도 '청년'이라는 주체가 강조되고 있으며, 청년들을 위한 자리가 계속해서 마련되고 있다. 대표적으로 유네스코 생물권보전지역에 거주하고 있거나 관련하여 연구/사업 등을 하고 있는 청년들을 대상으로 하는 'MAB 청년포럼(MAB Youth Forum)'은 매우 중요한 행사이다. 국제적으로는 이탈리아(2017)와 중국(2019)에서 2회에 걸쳐 청년포럼을 개최2)하였는데, 2017년 이탈리아에서 이루어진 첫 MAB 청년포럼 이후 대륙별 또는 국가별로 MAB 청년포럼이 개최되기 시작했다. 국내의 경우 2019년 고창에서 첫 유네스코 MAB 청년포럼을 개최하였고, 2021년에는 범위를 확장하여 유네스코 다중지정지역3)인 경기도 연천군에서 '유네스코 생물권보전지역·세계지질공원 청년포럼'을 개최하였다.

필자의 경우 2019년 중국에서 개최된 제2회 MAB 청년포럼에 한국 대표로 참석을 하였고, 국내에서는 중국에 가기 전 고창 MAB 청년포럼에 청년 발표자로 참여를 하였으며, 2021년 연천에

---

2) 이탈리아에서 개최된 MAB 청년포럼에는 85개국 142개 생물권보전지역에서 282명의 청년 대표가 참석하였고, 중국에서 개최된 MAB 청년포럼에는 82개국 176명의 청년 대표가 참석하였다(UNESCO MAB 홈페이지).

3) 유네스코의 3대 지정지역인 '세계유산(World Heritage, WH)', '생물권보전지역(Biosphere Reserve, BR)', '세계지질공원(UNESCO Global Geopark, UGGp)' 중 2개 이상을 지정받은 지역을 뜻한다.

서는 청년포럼의 운영진으로 참여했다. 총 세 번에 걸쳐 **MAB** 청년포럼에 참여했는데 모두 뜻깊은 시간이었다. 특히 중국에 갔을 때는 참가자로서 전 세계 수많은 청년들과 많은 시간을 보낼 수 있었다. 생물권보전지역의 지속 가능한 발전을 위하여 함께 고민하고 논의하며 선언문을 작성하는 것은 매우 값진 경험이었다. 놀랍게도 모두 다른 나라에서 왔음에도 불구하고 실제 현장에서 경험했던 이야기들은 비슷했고, 추구하는 방향도 같았다. 처음에는 모두 어색했지만, 시간이 흐를수록 공감대가 형성되었다. 2021년 연천에서 개최된 청년포럼 참가자들 또한 다양한 전공 속 하나의 공감대를 형성해 가는 모습이 보기 좋았다.

[그림 2] 2019 MAB 청년포럼 및 2019 기후행동 정상회의 모습

이렇게 청년포럼이라는 자리를 통해서 비슷한 가치관을 가졌지만 쉽게 만날 수 없는 사람들을 만날 수 있는 건 매우 중요한 경험이라고 생각한다. 물론 여전히 아주 큰 변화는 일어나지 않고 있지만, 이러한 자리가 마련된 것만으로도 큰 시작이라고 생각된다. 문서상에 하나의 문구로만 존재했던 미래세대들을 현장으로 불러들이고 목소리를 모을 수 있도록 돕기 때문이다.

물론 다른 이들의 도움 없이 스스로 자리를 만들어나가는 이들도

존재한다. 대표적 인물인 그레타 툰베리는 2021년 청소년에서 청년
이 되었지만, 여전히 변화되지 않은 각국 정상들을 향해 거침없이
쓴소리를 내뱉고 있다. 찾아보니 한국에서도 '청소년기후행동
(Youth4ClimateAction)'이라는 청소년 단체를 중심으로 활동이 진
행되고 있었다. MAB 청년포럼 당시 알게 된 세계청년생물다양성
네트워크(The Global Youth Biodiversity Network, GYBN) 또한
전 세계의 다양한 청년들이 모여 생물다양성 보전을 위한 활동을
꾸준히 실천하고 있다. 그들은 홍보영상과 리플릿을 만들기도 하고
국제사회에 정책 제안을 하기도 한다. 이들은 모두 다른 나라 청년
들과 연대하며 자신들의 자리를 만들어 나가고 있다. 그리고 아마
도 이들의 활동을 통해 다른 곳에도 청년들을 위한 자리가 만들어
지고 있는 게 아닐까 싶다.

참고문헌

기상청, 2020, 정책결정자를 위한 요약서 한국 기후변화 평가보고서 2020-기후변화와 과학적 근거-.

김난도·전미영·최지혜·이향은·이준영·김서영·이수진·서유현·권정윤, 2020, 트렌드 코리아 2020, 서울: 미래의창, pp.89-102.

김서영, 2020.01.16., 호주산불 연기, 지구 한 바퀴 돌아 다시 호주 왔다, 연합뉴스.
(https://www.yna.co.kr/view/AKR20200116156100009).

김형근, 2020.08.02., 불타는 시베리아?…이상 고온에 연일 산불로 잿더미, YTN.
(https://www.ytn.co.kr/_ln/0104_202008020008380143).

씨리얼, 2021.09.24., 기후위기 대응 없이 기특하다 하는 어른들, 소송 걸었습니다.
(https://www.facebook.com/watch/?v=4465190460224484).

이승선, 2020.09.13., 지금 미 서부는 '기후 재앙 현주소'…100여 개 산불 동시다발, 프레시안.
(https://www.pressian.com/psArticles/articlePrint/2020091314005767316).

최현준, 2020.09.14., 남한 면적 20% 태운 미 산불…인간활동 증가가 불길 키웠다, 한겨레.
(http://www.hani.co.kr/arti/international/international_general/961979.html).

Brian Resnick and Danielle Scruggs, 2019.09.20., Photos: What the youth climate strike looks like around the world.
(https://www.vox.com/energy-and-environment/2019/9/20/20875523/youth-climate-stri ke-fridays-future-photos-global).

Eliza Barclay and Brian Resnick, 2019.09.22., How big was the global climate strike? 4 million people, activists estimate.
(https://www.vox.com/energy-and-environment/2019/9/20/20876143/climate-stri ke-201 9-september-20-crowd-estimate).

GYBN 홈페이지, (https://www.gybn.org/about-us).

HuffPost US, t.ly/L539.

Nina Golgowski, 2020.08.24., 2020년은 지구 기후 변화에 또 다른 비극으로
남을 것이다.

Wikipedia, September 2019 climate strikes.
(https://en.wikipedia.org/wiki/September_2019_climate_strikes).

WWF Australia, 2020, Aust ralia's 2019-2020 Bushfires: The Wildlife Toll.

UNEP, 2020, Emission Gap Report 2020.

UNESCO MAB 홈페이지, MAB Youth. (https://en.unesco.org/mab-youth).

생태사회와 세계시민의식

초판인쇄   2023년 04월 03일
초판발행   2023년 04월 03일

지은이   건국대학교 생태기반사회연구소
펴낸이   채종준
펴낸곳   한국학술정보㈜
주 소   경기도 파주시 회동길 230(문발동)
전 화   031) 908-3181(대표)
팩 스   031) 908-3189
홈페이지   http://ebook.kstudy.com
E-mail   출판사업부 publish@kstudy.com
등 록   제일산-115호(2000. 6. 19)

ISBN   979-11-6983-274-8   93300